讲给孩子的
历史人物故事

战国人物

牟晓萍 著

生活·讀書·新知 三联书店

Copyright © 2022 by SDX Joint Publishing Company.
All Rights Reserved.
本作品版权由生活·读书·新知三联书店所有。
未经许可,不得翻印。

图书在版编目(CIP)数据

讲给孩子的历史人物故事.战国人物/牟晓萍著.—北京:
生活·读书·新知三联书店,2022.10
ISBN 978 – 7 – 108 – 07395 – 2

Ⅰ.①讲… Ⅱ.①牟… Ⅲ.①名人 – 生平事迹 – 中国 –
战国时代 – 少年读物 Ⅳ.① K820.2-49

中国版本图书馆 CIP 数据核字(2022)第 053507 号

责任编辑	胡群英
装帧设计	刘 洋
责任校对	常高峰
责任印制	卢 岳
出版发行	生活·讀書·新知 三联书店
	(北京市东城区美术馆东街 22 号 100010)
网 址	www.sdxjpc.com
经 销	新华书店
印 刷	河北松源印刷有限公司
版 次	2022 年 10 月北京第 1 版
	2022 年 10 月北京第 1 次印刷
开 本	880 毫米 × 1230 毫米 1/32 印张 6.75
字 数	99 千字 图 38 幅
印 数	0,001 – 5,000 册
定 价	39.00 元

(印装查询:01064002715;邮购查询:01084010542)

目 录

吴起：用兵如神垂青史，热衷功名引争议 …… 1

孙膑：无足胜有足，谁成竖子名？ …… 20

苏秦：身无洛阳二顷田，腰佩相印诸侯连 …… 35

张仪：连横破合纵，三戏楚怀王 …… 56

赵武灵王：胡服骑射扩疆土，舐犊情深困沙宫 …… 80

廉颇：凭谁问，廉颇老矣，尚能饭否？ …… 100

平原君赵胜：翩翩佳公子，国难展担当 …… 123

信陵君魏无忌：侠义真英雄，酒色了残生 …… 140

孟尝君田文：若非门下客三千，安得涉险出秦关？……158

春申君黄歇：当断不断，反受其乱……176

吕不韦：十年富贵一朝倾，奇货可居祸更奇……190

课后设计答案……210

吴起：用兵如神垂青史，热衷功名引争议

人物小档案

姓名：吴起，别称"吴子"

生卒年：前440年—前381年

国别：生于卫国，在鲁、魏、楚三国谋事

职位：将军

特点：目标明确，下场悲惨

人生历程：先学儒法后习兵法—先后在鲁国、魏国当将军—在楚国主持变法

传世著作：《吴子兵法》

后世地位：兵家代表人物，与兵圣孙武并称"孙吴"

故事出处：《史记·孙子吴起列传》《战国策》

吴起是战国时期非常著名的政治家、军事家。他一生战功显赫，用兵出神入化，堪称一代战神。除了征战沙场，他还能治国理政，大刀阔斧推行变法，让楚国迅速崛起。但他一直备受后人非议，背负千古骂名，有人甚至说他不忠不孝、道德沦丧，这是为什么呢？

诛邻止谤，母丧不归

吴起出生于卫国，家境富裕。成年后，他一心求取功名，奈何四处碰壁，最终家产耗尽，十分落魄。同乡人笑话他："真是个败家子，自己不成器，还把家业糟践得精光。"吴起一怒之下，提刀相向，一连杀死三十多个嘲讽他的人。

杀了人，自然要被官府追究，吴起待不下去，只好逃走。在卫国的东门，吴起与母亲诀别。他咬破自己的手臂，发下狠誓："我吴起不当上将相，决不再回卫国！"就这样，吴起开始了背井离乡的生涯。

吴起一路来到鲁国，拜于孔子的徒弟曾子门下，学习儒家治国之道。他十分勤奋，昼夜苦读，小有名气。在老师曾子的盛名之下，吴起也有机会结识上层社会的名流。齐国大夫田居出使鲁国，就常和吴起一起谈论学问，非常赏识吴起，还把女儿嫁给了他。

曾子知道吴起的母亲还留在卫国，便问吴起："你离家游学已有六年，为何从不回家探望自己的母亲呢？你这样能够安心吗？"吴起答道："我曾当着母亲的面起誓，不混出个模样，决不再回卫国。"曾子不满地说："你可以向别人起誓，怎么能向自己的母亲起誓呢？"从此，曾子开始讨厌吴起。

没过多久，噩耗传来，吴起的母亲去世了。吴起仰天号哭，当年分别时的誓言犹在耳边，但时至今日，自己依然没有混出什么名堂来啊。悲痛的吴起擦干眼泪，毅然做出了决定：不回去服丧！

百善孝为先。中国人一向讲究孝道，儒家更是提倡孝敬父母。吴起的行径很令曾子瞧不起，他生气地说："河水无源就会枯竭，树木无根就会断折，人若无本，怎能得善终？吴起母亲死了都不回去安葬，就是忘本之人。他不再是我的弟子！"于是，曾子与之断绝了师徒关系，吴起被逐出师门。

为上战场，杀妻求将

吴起仍旧留在鲁国，转而学习兵法。三年后，他学有所成，又跑去求官。

这一年，齐国的相国田和试图篡位，又害怕鲁国讨伐他，于是主动攻击鲁国。危急之时，正是用人之际。鲁穆公召集众大臣商议，有人建议提拔精通兵法的吴起为将军。这正是吴起多年以来梦寐以求的！但是，吴起的妻子是齐国人，且正好来自田氏家族，因此鲁国人有疑虑，对吴起不是很放心，怕他与齐国有什么勾结。

成为将军，是吴起一生的梦想。如今梦想近在咫尺，他又怎么愿意轻易放弃？经过考虑，在妻子和功名之间，吴起做出了选择。

吴起回到家里，问夫人田氏："男儿都盼望能够娶妻生子，这是为什么呢？"

温婉的田氏回答说："有内才能有外，成家才能立业啊。"

吴起接着说："好男儿志在四方。大丈夫就应出将拜相、加官晋爵，最终功垂青史、名传千载。希望夫人也能助我一臂之力。"

田氏不解地问:"妾为一弱小女子,如何助君呢?"

吴起说道:"现在齐国出兵攻打鲁国,鲁君有意让我统兵为将,只因齐国田氏是你的娘家人,他才犹豫不决。如果我能带着你的人头去拜见鲁君,他必定会打消疑虑。这样一来,我的功名就有望了。"

田氏大惊,正想开口答话,吴起拔剑一挥,田氏的人头已然落地。

吴起带着妻子的人头前去拜见鲁穆公,果然如愿以偿地被任命为将军。

在战场上,吴起发挥自己的军事才能,最终大破齐军,得胜而还。

可是,面对吴起的崛起,鲁国群臣又是眼热又是嫉妒,纷纷起而攻击他,在国君面前说他的坏话。有的说他心狠手辣,杀害了三十多个同乡;有的说他不孝,母亲去世了也不回去;有的说他薄情寡义,为了当上将军杀死妻子;有的说鲁国若任用吴起,必将得罪卫国……种种理由,不一而足。

于是,鲁穆公没有继续重用吴起。

> **成语释义**
>
> 杀妻求将：为了谋得将军的职位，不惜杀害自己的妻子。后指为了功名利禄而不惜做一些伤天害理的事。

同甘共苦，士卒乐仗

吴起受到冷落，不久就丢掉了官职。对他来说，鲁国算是待不下去了。听说魏国正在广招人才，经过一段时间的考虑，吴起决定离开鲁国，投奔魏国。

来到魏国后，吴起找到了魏国的相国翟璜。翟璜名气不是很大，却是个善于识别人才的"伯乐"，为魏文侯推荐了大量栋梁之材，比如治邺的西门豹、推行变法的李克（一般认为李克即李悝）等。这时，魏文侯正承受着来自秦国的压力，急需能带兵遣将的人才。翟璜知道吴起很有军事才能，便向魏文侯推荐了他。

但是对于是否任用吴起，魏文侯还是有些犹豫。

他问李克:"吴起这个人,如何?"李克回答说:"吴起这个人,贪财又好色,人品不怎么样,但是用兵如神,连春秋时期的名将司马穰苴都比不过呢!"

听了这席话,魏文侯不再犹豫,当即提拔吴起为魏国的将军,命之率兵攻打秦国。

以当时的局势来看,赵、魏、韩三家分晋后,全都处在立足未稳的境地。魏国所处的位置并不是太好,北边有赵国压着,西边有强悍的秦国,东边则是韩国。魏国和秦国间常因争夺关中河西地区发生战争。在魏文侯的授意下,吴起带领魏军向西攻打秦国,居然一口气拿下了秦国五座城池。魏国由此占有全部的河西地区,并在此设立西河郡。也是在翟璜的推荐下,吴起担任了西河郡守。为防秦国入侵,吴起在西河修筑了一座新城,取名为吴城。

据《吴子兵法》记载,吴起担任西河郡守期间,进行军事改革,训练出了战国最强精锐步兵"魏武卒"。他率领魏武卒南征北战,创下了"大战七十二,全胜六十四,其余均解(不分胜负)"的奇功伟绩,甚至以少胜多,挫败了秦国多次对这一地区的进攻。

那么,吴起屡战屡胜的秘诀是什么呢?他带兵的特点，就是以身作则，与等级最低的士卒待遇相同。他和士兵穿同样的衣服，吃同样的饭菜，睡卧不用床席，行军不骑战马，见到士兵背粮过多、行走艰难，还会与他们一同背粮前进。

一次，一个普通士兵皮肤长了恶性毒疮，非常难受，吴起竟亲自为他吸吮出脓液。堂堂一位将军，如此体恤和关心下属，让周围的人十分感动，各个儿暗中发誓，愿意为吴起拼死效力。

可是，这个士兵的母亲听说以后，居然号啕大哭！

旁人十分不解，都说："你儿子就是一个小小的士卒，吴将军亲自给他吸吮毒疮，你应该觉得光荣啊，哭什么呢？"

这位妇人说："前些年，我的丈夫也长了恶性毒疮，也是吴将军亲自给他吸出脓液的。他感念吴将军的恩德，打仗的时候奋不顾身，最终战死在了沙场之上。现在，吴将军又给我的儿子吸吮毒疮，我不知道我的儿子接下来又会战死在什么地方啊，所以哭泣不止。"

的确，吴起就是这样爱兵如子，因此广受士兵爱戴，以至于全军上下莫不以死相报，屡战屡胜。

吴起也成为战国时期的不败名将。有吴起在，秦国始终不敢轻举妄动。魏国由此率先崛起，成为战国初期中原的第一个霸主。

名篇摘选

昔吴起出，遇故人，而止之食[1]。故人曰："诺，期返而食[2]。"起曰："待[3]公而食。"故人至暮不来，起不食待之。明日早，令人求故人。故人来，方与之食。起之不食以俟[4]者，恐其自食其言[5]也。其为信若此[6]，宜其能服三军[7]欤？欲服三军，非信不可也！

——宋濂《龙门子凝道记》

【注释】

1. 止之食：留住他吃饭。2. 期返而食：约定返回时来吃。3. 待：等待。4. 俟（sì）：等待。5. 自食其言：不守信用，说话不算数。6. 为信若此：像此般坚守信用。7. 服三军：使三军信服。

田文论功,圣贤度量

魏文侯临终前,将太子托付给吴起、翟璜等自己信任的人。魏国进入了魏武侯时代。

一次,魏武侯和大臣们在西河郡巡视。乘船到了河中心的时候,魏武侯回头对吴起感叹道:"河山是这样的险峻,边防是如此的牢固,这是魏国之宝啊。"

吴起认真地回答说:"要想江山永固,在德不在险啊。夏桀的领土,左临黄河,右靠泰山,南北皆有屏障,不可谓不险,但夏桀不施仁政,所以遭到商汤的放逐。商纣的领土,左边靠孟门山,右临太行山,北有常山,南朝黄河,地势非常有利,但纣王荒淫残暴,所以被武王推翻了。如果您不施恩德,不行仁政,即便同乘一条船的人也会变成您的仇敌啊!"

魏武侯听了,非常赞赏,连说:"讲得好!"

此时的吴起,能够劝说君王以德治国,已然成为魏国不可或缺的重臣了。

吴起镇守西河,名声日隆。这年,魏武侯要推举丞相。吴起觉得自己战功赫赫,丞相之位非他莫属。结果,魏武侯却让田文当了丞相。吴起很不服气,直接前去找田文单挑。他对田文说:"咱们比比功劳,看谁更有资格做丞相?"

田文说:"好啊。"

吴起说:"率领三军,让士兵们甘愿战死沙场,让敌国不敢图谋,你和我谁强?"

"我不如你。"

"管理百官,亲近万民,充实府库,你和我谁强?"

"我不如你。"

"镇守西河,致使秦兵不敢向东发展,韩、赵顺从于魏,你和我谁强?"

"我不如你。"

"既然这三件事情,你都不如我,但你的位置却高于我,为什么?"

田文推心置腹地对吴起说:"君主年轻,国家不安定,大臣不顺从,百姓不信服,这个紧要关头,把丞相的位置交给功高盖主的你合适,还是交给资历浅薄的我合适呢?"

吴起沉默了一会儿,对田

吴起像

文说:"交给你合适。"

田文说:"这就是我之所以职位比你高的原因。"

由此,性情直爽的吴起心悦诚服,承认自己在政治谋略方面确实不如田文。

公叔阴谋,转为楚相

可惜,田文当上丞相没多久就病逝了。继任的丞相,叫公叔座(《战国策》《资治通鉴》上作"公叔痤")。公叔座仗着自己娶了魏国公主,与魏武侯的关系更亲近,就忌惮起吴起的地位和名望了。为了除掉吴起,公叔座绞尽脑汁,却总是不得要领。

公叔座的一个仆人看透了主人的心思,为他出了一个很歹毒的主意。这个仆人说:"要除掉吴起很容易。吴起这个人,品行高洁,爱惜名誉。您只要如此做就可以了。"

第二天,公叔座就依计行事。他先去找魏武侯,对国君说:"吴起如此能干,可惜咱们魏国实力有限,又跟强秦相邻,恐怕吴起没有久留之心啊。"

听丞相这么一说,魏武侯不免十分担心,就问公叔座:"那怎么办呢?"

公叔座说:"不妨把魏国公主嫁给他,用这个方法来试探一下。如果他想要久留,就会接受公主,如果不想久留,肯定会拒绝。从他的态度上就能做出判断了。"

魏武侯深以为然。

接着,公叔座又盛情邀请吴起到他家里宴饮。吴起到达公叔座的府上后,发现魏国公主正在盛气凌人地教训自己的丈夫呢。堂堂一国丞相,在家里却被公主如此轻贱,吴起十分震惊。看到这样的情形,吴起很快找个借口离开了。

过了一阵子,魏武侯果然提出要把魏国的一个公主许配给吴起。吴起亲眼见过娶了公主的公叔座在家里的地位,因此毫不犹豫地断然拒绝了这门亲事。

魏武侯马上对吴起起了疑心,不再像以前那样信任他了。

公叔座的离间计居然大获成功。

在这样的情况下,吴起害怕获罪受罚,只好离开魏国,前去投奔楚国。

临行的时候,吴起特意停下车回头遥望西河郡,眼泪止不住流了下来。他的车夫对他说:"您有着坚强的心志,常把舍弃天下看得就像扔掉鞋子一样轻而易举。如今离开西河郡,却为何如此心伤呢?"

吴起擦去眼泪回答说:"你有所不知,如果国君信任我,让我竭尽所能,我是可以帮助国君继续成就霸业的。如今国君却听信小人的谗言,疏远和防备我。我离开后,西河郡终将回到秦国的手里,强大的魏国从此要被削弱了。"

果然一语成谶,没过几年,秦国商鞅就率兵夺取了西河之地。

富国强兵,功在人上

来到楚国,吴起受到楚王的热情欢迎。楚王早就听说过吴起的大名,所以直接将他提拔为丞相。

吴起向楚王提议说:"楚国沃野千里,人口百万,本应雄压诸侯,世代执掌天下霸主之位,现在之所以势力衰微,主要是不善于备战养兵。要想军队实力强劲,首先得有充足的军费。如今官员冗余,更有许多王室宗亲尸位素餐,消耗了楚国大量的财力,而三军将士却因薪俸不足食不果腹。在这种情况下,他们即使想为国效力也无法做到啊。"

楚王问:"依丞相之计,该如何呢?"

吴起说:"首先,裁掉不必要的官员,尤其是辞退众多游说之士。其次,规定爵位和俸禄只能延续两代,以杜绝王亲贵族长期占据职位、享受优厚待遇而不做实事。精简下来的钱财可用于养兵备战,加强军事训练。如果这样做了,楚国都不能大振国威,臣请大王以欺君之罪论处。"

楚王听从了吴起的建议。于是,在楚王的支持下,吴起进行了大刀阔斧的改革。他撤去了朝内朝外多余的官员数百人,又下令断绝已传五代的王室宗族的俸禄,让他们自食其力。五代以内的宗族成员的俸禄也有所削减,所省费用全部缴入国库。吴起又从楚国各地选来大批精壮士卒,日夜加以训练,并提高他们的薪俸待遇。士卒们无不感恩戴德,纷纷表示要以身许国,捐躯沙场。

所谓"养兵千日,用兵一时"。军队训练好了,用兵如神的吴起先是率兵向南,平定了百越之地,把楚国的疆域拓展至江南,占领了洞庭、苍梧之地。接着,他又率兵向北,打退了赵、魏、韩的联合军队,吞并了陈国、蔡国，将楚国势力扩展到黄河岸边。他甚至还率兵向西，讨伐实力强劲的秦国。

一时间，楚人兵震天下，威服诸侯，各国十分惧怕。

触犯贵族，乱箭身丧

可是，吴起事业越是如日中天，就越是遭小人嫉恨。要知道，吴起的改革触犯了一部分楚国王亲贵族的利益。这些王亲贵族或被剥夺了封地，或被削除了俸禄，日子过得一天不如一天，对吴起的仇恨也是一日多于一日。

他们个个咬牙切齿，日夜筹谋的就是如何除掉吴起，回到过去的好日子。

终于，他们等来了机会，支持吴起改革的楚王过世了。所有被吴起裁掉的官员，所有被剥夺了俸禄的宗亲大臣，立刻群起作乱，合起伙来围攻吴起。

吴起知道自己难以脱身，性命不保，情急之下想出了个与之同归于尽的主意。

他一路躲避追兵，一路跑向王宫。楚王的尸体还陈放在大殿，此时已身负重伤的吴起径直扑到楚王的尸体上。追赶而来的众人开弓齐射，吴起被乱箭射死。

吴起惨死了，射杀他的人也没活成。因为楚国有法律规定：伤害楚王尸体属于重罪，要诛灭三族！追赶者的箭矢却没长眼睛，在射中吴起的同时，也射中了楚王的尸体。

于是，楚王下葬后，那些射中楚王遗体的人被依法处死，受牵连的宗室达70余家！

临死也要拉上这么多垫背的，死后还能为自己报仇，吴起的能耐由此可见。

吴起在魏国和楚国的作为，对战国时代产生了深远的影响。他本人的经历也令后人无限感慨。当年，吴起劝说魏武侯要以德治国，可是他自己在楚国主持改革则冷酷无情、苛刻无比，最终因触碰了他人的"奶酪"而中箭身亡，可悲可叹。

今天，陕西延安的吴起县就是因吴起而得名的，相传他曾在此驻兵戍边。1935年10月19日，毛泽东率领中央红军历经二万五千里长征，在这里与陕北红军胜利会师。

课后设计

【延伸阅读】

公叔痤与商鞅

商鞅是卫国国君的庶子,本名是公孙鞅,后来被封在商邑,所以称为商鞅。

商鞅年少之时,深受同乡人吴起的影响,喜好法家之学,也到魏国寻找一展抱负的机会。来到魏国后,他投奔在当朝宰相公叔痤的门下。

公叔痤知道商鞅是难得的人才,还没来得及向国君推荐,自己就重病卧床了。魏惠王亲自来到相府探病,担忧地说:"一旦您有什么不测,魏国的江山可如何是好?"公叔痤回答说:"我门下的公孙鞅,虽然年少但有奇才,您可以将国事托付给他。"魏惠王听了这话,没有作声。到魏惠王即将离去的时候,公叔痤又屏退左右,单独对他说:"大王您如果不任用公孙鞅的话,一定要杀掉他,不要让他离开魏国!他要是被别的国家重用,我魏国必受其害。"魏

吴起：用兵如神垂青史，热衷功名引争议

惠王应允了下来。

魏惠王离开后，公叔座召来商鞅，对他说："今天国君问谁可以接替我为相，我推荐了你，但看大王的神色，他并不打算听我之言。我是一国之相，理应先忠于自己的国君，再顾及自己的门下，所以我建议国君如果不任用你，一定要杀了你。国君点头答应了。你现在速速离去吧，晚了恐怕就只能束手就擒了。"

商鞅听闻此言，并没有惊慌。他说："既然大王不肯听您的话重用我，又怎么会听您的话杀了我呢？"

果然，魏惠王离开相府之后，就对左右之人说："相国病得不轻啊，居然让我将国政交付给公孙鞅，这也太可笑了！"

魏惠王终究没有任用商鞅。商鞅后来到了秦国，主持变法，成就了一代强秦。

马陵之战，魏国损失了太子、主帅和几十万大军。商鞅趁此良机，毫不犹豫地带着秦兵攻打魏国，将吴起当年苦心经营的西河之地纳入了秦国版图。

孙膑：无足胜有足，谁成竖子名？

人物小档案

姓名：孙膑，本名孙伯灵

生卒年：不详

国别：齐国

职位：军师

特点：用兵出神入化，报仇扬名天下

人生历程：出身名门—惨受膑刑—死里逃生—功成名就

传世著作：《孙膑兵法》

后世地位：唐德宗时，成为武庙六十四将之一。

孙膑：无足胜有足，谁成竖子名？

宋徽宗时，追封武清伯，成为武庙七十二将之一。

故事出处：《史记·孙子吴起列传》《战国策》

本是师兄弟，相煎何太急？

孙膑从小就对行军布阵很感兴趣，其军事才能是有家学渊源的，他是春秋时期著名军事家孙武的后代，祖父和父亲皆是军事家。

孙膑出生年月不详，大约晚于孙武一百多年。年轻的时候，孙膑拜鬼谷子为师，学习兵法。鬼谷子是个极具神秘色彩的人物，隐居在深山的鬼谷，偶尔到市场占卜，很是灵验，因此收得一批徒弟。他的徒弟中，最有名的莫过于孙膑、庞涓、苏秦、张仪四位。孙膑和庞涓一同学习兵法，苏秦和张仪一同学习谋略。孙膑谦虚勤奋，加之很有军事天分，学业自然出类拔萃。

庞涓学习兵法三年后有所成，偶然听说魏国正四处招贤，心中大动，想辞别先生下山应召，又怕先生不让他去。鬼谷子哪能看不出庞涓的心思？他对庞涓说：

"你的时机已到,为何不早早下山求取功名富贵?"

庞涓连忙跪下,说道:"弟子早有此意,只是不知此行能否成功。"

鬼谷子说:"你去山里摘一枝花,我为你占卜一下。"

庞涓便起身,到周围的山里去摘花。这时正值盛夏,山里绿树成荫,没有什么树在开花。庞涓找了半天,只采得一种藤草开的花。他看着又弱又小的花朵,心里很不满意,可是,实在找不到其他更像样的花。他便将之藏在袖子里,回报鬼谷子说:"山中现在没有花。"鬼谷子盯着庞涓的袖子说:"山中没有花,你衣袖中的又是什么呢?"

庞涓被先生识破,十分惭愧,只得将采来的花呈上。这花摘下多时,加上天气炎热,早已打蔫儿。鬼谷子说:"这种花叫马兜铃,一开十二朵,寓意你享受荣华富贵的年数。它采于鬼谷,又已萎蔫,'鬼'傍着'委',你的发迹之地必在魏国。"

庞涓一听,心中暗暗称奇:"先生怎么知道我想去魏国?"

鬼谷子接着说道:"你刚才欺瞒了为师。欺骗他人,最终必会被他人所欺骗。因此,我有八字相赠,你定要牢牢记住：'遇羊而荣，遇马而瘁。'"

庞涓跪下谢道："弟子一定牢记先生的教导。"

庞涓走后，孙膑继续留在鬼谷子身边学习。鬼谷子交给他一卷书册，对他说："这是你的先祖孙武留下的十三篇兵法，你拿去细细品读吧。"孙膑感激不已，潜心钻研。

孙膑既刖足，庞涓岂无忧？

庞涓来到魏国，投在了相国王错的门下。王错将他举荐给魏惠王。庞涓拜见魏惠王的时候，正赶上厨师给魏惠王进献蒸羊。庞涓心中暗喜："先生说我'遇羊而荣'，这也许是一个好迹象。"果然，魏惠王见庞涓一表人才，急忙放下筷子相迎，一番交谈之后，深觉其是个难得的军事人才。

庞涓很快就得到魏惠王的重用，成为魏国的将军，南征北战，很是风光。但是，庞涓总是认为孙膑的才能远在自己之上，只要孙膑一出山，不论在哪里，都可能成为自己的劲敌。于是，为了消除孙膑对自己的潜在威胁，庞涓决定主动出击：他写信邀请孙膑来到魏国，与他一起建功立业。

孙膑欣然应允，一心以为有老同学的帮忙和提携，自己必定可以在魏国大干一番、一展宏图。见到孙膑，魏惠王很高兴，拜他为客卿。

一次，魏惠王检阅军队，让孙膑和庞涓二人演练阵法。庞涓布的阵，孙膑一看就能说出名目和破阵法，而孙膑布下的阵，庞涓却茫然不识。他私下询问孙膑，孙膑回复说："师傅所教、兵法所载，你怎不记得了？这是'颠倒八门阵'，一旦受到攻击，它就会变成'长蛇阵'。"

庞涓发现，孙膑所谈论的兵法，有很多是自己不曾学过的。他故意试探道："这不是《孙子兵法》上的吗？"孙膑不知鬼谷子当初并没将之传授庞涓，脱口回答说："是啊。"庞涓立刻问道："能否再借给我一阅呢？"孙膑如实相告："书已被先生收回，我都记在脑子里了。"这句话，惊出了庞涓一身冷汗。

回府后，庞涓越发不安，苦心设计要除掉孙膑。

他对魏惠王说："孙膑的宗族都在齐国，家人希望他为齐国效力、振兴家族，难保他人在魏国不会生出二心啊。"他偷偷对孙膑的家信添油加醋进行编造，将之呈给魏惠王，作为孙膑私通齐国的证据。

魏惠王大怒,下令将孙膑押入大牢。

庞涓故意在一旁大卖人情,他对魏惠王说:"孙膑是我的同窗,如今犯此大错,罪有应得。但请大王看在我的面子上,饶他一命吧。"

最终,孙膑被施行了"膑刑"。这是一种挖掉膝盖骨致使再也无法站立和行走的酷刑。根据当时的惯例,所有受刑之人,脸上还要刺字,一辈子带着耻辱,无法抬头做人。

孙膑站不起来了,庞涓终于安心了。

装疯又卖傻,田忌能赛马

一个天赋异禀、志向远大的年轻人,突然变成为人鄙视、身体残疾的受刑罪人,身体遭受了怎样的伤痛自是不必说,心灵上受到的打击恐怕更是难以估量。如今连站立行走都做不到,何谈骑马打仗,何谈统率三军?今后只能趴在地上一步一步挪动,如何有所作为,又如何扬名天下?

遭此大难,孙膑的人生还能有什么反转吗?

面对严密的监管,孙膑只好装疯卖傻,苟且偷生。

庞涓不相信他真的疯了，命人将他投进猪圈。孙膑坦然睡在猪圈里，满身是猪粪，吃着污浊的食物，整日里疯言疯语，或喜或悲。渐渐地，人们相信他是真疯了，便不再严加防范，任他出入，更无人理会他的死活。

这时候，齐国的使者出访魏国，给了绝望中的孙膑一线生机。孙膑以刑徒的身份私下求见，用言辞打动了齐国使者。通过交谈，齐国使者认定孙膑是一个难得之才，决定偷偷带他离开魏国。

在齐国使者的帮助下，孙膑坐车逃到了齐国。从此，他将自己的名字（原名孙伯灵）改为"孙膑"，好让自己记住这奇耻大辱。齐国使者将孙膑举荐给了齐国大将田忌。田忌非常赏识孙膑，立刻召为门客，待他如上宾。孙膑受到重视，自然不遗余力，为之献计献策。

田忌经常与齐威王及诸位公子赛马，赌注下得很大。孙膑发现，这些马的脚力都差不多，大致分为上、中、下三等。于是他对田忌说："您只管下大赌注，我能让您取胜。"田忌相信了他，拿出千金做赌注。比赛即将开始，孙膑提议道："现在用您的下等马对付他们的上等马，用您的上等马对付他们的中等马，用您的中等马对付他们的下等马。"

孙膑像

依照孙膑的计策，三场比赛结束，田忌一败两胜，最终赢得齐王的千金赌注。田忌非常高兴，也认可孙膑的才华，就趁机把他推荐给了齐威王。齐威王向孙膑请教兵法，觉得果然非比寻常，于是拜他为军师。从此，孙膑的人生迎来了辉煌。

军师善筹谋，围魏可救赵

这年，魏国攻打赵国，庞涓带兵围困了赵国的都城，赵国紧急向齐国求救。齐威王想要令孙膑为将，孙膑辞谢说："受过酷刑之人，不宜当将领。"齐威王就改任田忌为主将，以孙膑为军师，让他在有帷幕的车上坐着出谋策划。

田忌二话不说，集结军队就要奔赴赵国。孙膑则提出中肯的意见："要解开一团乱麻，不能整个地东拉西扯；要劝架，不能直接冲进打架的双方中。只要抓

讲给孩子的历史人物故事·战国人物

住要害，出其不意，问题自然就能解决。现在魏国攻打赵国，精锐部队都在前线，国都里只剩老弱病残。您不妨带兵直接攻打魏国的国都大梁，占据交通要道，攻击他们的虚弱之处，魏国自然会从赵国撤兵救援。这样一来，我们不但能解赵国之围，还能以逸待劳，占据优势。"

围魏救赵，避实击虚，此计甚妙。于是，田忌改而率军前去攻打魏国国都。

正要乘胜进击的庞涓，听说国都危急，大吃一惊，匆忙撤兵回援。赶到桂陵附近，魏军与齐军相遇。齐军排成阵势挑战，布的正是"颠倒八门阵"。庞涓自然认得，心中十分疑惑：难道田忌也会此阵法吗？

来不及细想，庞涓吩咐部将说："孙膑说此阵能变'长蛇阵'，攻头，尾会反击，攻尾，头会反击，攻中间，首尾会同时反击。我现在去攻此阵，你们各率一军，只等此阵一变，便分三路同上，使它首尾不能相顾。这样一来，此阵法便可攻破。"吩咐完毕，庞涓亲率五千精兵闯入阵中。不料刚入阵中，只见四面都是刀枪，接着一面面旗帜树起，上写大大的"孙"字。庞涓大惊道："孙膑原来到了齐国，我中了他的计了！"

魏军在阵中左冲右突,找不到出路,五千人马大半被陷,庞涓侥幸逃脱。原来,此阵本是正方形,但孙膑变换了队形,庞涓入阵后不识其中变化,因此无法破阵。

桂陵之战,魏军折损两万人马。庞涓得知孙膑在齐军中坐镇,心中畏惧,不敢恋战,只得连夜撤回魏国。

这个"围魏救赵"的经典战法,后来入选三十六计,为后世兵家所效仿。

诱敌要深入,增兵却减灶

十三年后,魏国又联合其他国家,企图侵吞韩国。没多久,韩国北方重镇尽失,只得跟赵国一样来求齐国。救还是不救,早救还是晚救,齐国朝堂意见不一。

国相认为:韩国和魏国互相攻伐,彼此削弱,这是邻国之福啊,当然不能去救援了。将军田忌等则不同意,他们说:"魏国攻下韩国,就会来攻打齐国了。救援韩国,就是救援我们自己啊。"

齐王很是犹豫,就问孙膑:"军师一言不发,难道救和不救的计策都不对吗?"

孙膑说:"是的,魏国势力强大,上次伐赵,今次伐韩,怎么会忘记攻伐齐国呢?如果不救,就是把韩国让给魏国了,所以不能不救。但是现在魏国派兵攻打韩国不久,如果我们前去救援,是我们代替韩国受罪,韩国坐享其成,所以救也不可。"

齐王便问:"那该怎么办呢?"

孙膑说:"不如先派人去韩国,告知我们一定会出兵救援,这样韩国肯定拼死抵抗,魏国也定会全力攻韩。然后,我们慢慢派兵,在魏韩都精疲力竭之时,攻打魏国,保住韩国,用力少而功劳大,岂不更好?"

听罢此言,齐王大为赞同,马上派人告知韩国:齐国救兵旦暮将至。

韩国得到齐国的许诺,果然全力拒敌,举全国之力,与魏军交锋五六次之多。韩国苦撑将近一年,齐国才派田忌为大将,田婴为副将,孙膑为军师,出兵救援。

有了上次"围魏救赵"的经验,田忌轻车熟路率军直奔大梁。庞涓也吸取桂陵之战惨败的教训,一听说齐国出兵,立刻离开韩国,率军而归。庞涓回师后,魏惠王派太子为上将军,庞涓为大将,集结十万军队,气势汹汹迎击齐军。

孙膑：无足胜有足，谁成竖子名？

此时的齐军已经深入魏国境内，听说魏国大军压来，立刻掉头而返。魏军便在后面穷追不舍。

孙膑对田忌说："魏国向来自恃彪悍英勇，轻视齐国军队胆小怯懦。我们可以利用这一点，使局势有利于齐国。您可下令，齐军在魏国第一日设十万个灶做饭，第二日设五万个灶，第三日减为三万个灶。"

于是，田忌按照孙膑的谋划进行了部署，以诱敌深入。

在后面追赶的庞涓观此情形，大喜过望，说："我早就知道齐兵怯懦，没想到在我国境内三日，齐军就减设了这么多的饭灶，这说明他们逃跑的士兵已经过半了呀。"

"减灶之计"果然奏效，自负的庞涓盲目地舍弃了步兵，带着轻骑兵日夜兼程地追赶齐军。

名篇摘选

庞涓果夜至斫[1]木下，见白书，乃钻火烛[2]

之。读其书未毕,齐军万弩³俱发,魏军大乱相失。庞涓自知智穷兵败,乃自刭⁴,曰:"遂成竖子⁵之名!"齐因乘胜尽破其军,虏⁶魏太子申以归。孙膑以此名显天下,世传其兵法。

——《史记·孙子吴起列传》

【注释】

1. 斫(zhuó):砍、劈。2. 烛:照,照耀。3. 弩:用机械发矢的弓。4. 自刭(jǐng):用刀割脖子。5. 竖子:愚弱无能的人。6. 虏:俘虏,俘获。

伏兵在马陵,终成竖子名

孙膑估算庞涓的行程,预料他到达马陵时天色已黑。马陵这个地方道路狭窄,道旁又有很多山石树木,是一个设埋伏的好地方。孙膑叫人把一棵大树的树皮刮掉,在白白的树干上写下一行字:庞涓死于这棵树下。

孙膑：无足胜有足，谁成竖子名？

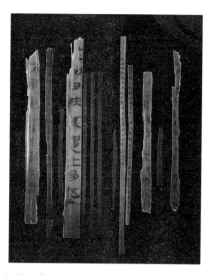

银雀山《孙膑兵法》汉简（现藏山东博物馆）

然后，他在路旁布好众多射箭好手，下令说："天黑以后，只要看见有人点火，就立刻放箭。"

一切布置停当。果然，天黑后，庞涓带军追至马陵。经过大树的时候，庞涓隐约看见白色的树干上有字，就很自然地命人点燃火把，好看个清楚。

火把很快就点了起来。借助火光，庞涓仔细阅读着树干上的字："庞涓死于……"还没读完，埋伏在一旁的齐国弓弩手已经看到了火光，立刻放箭。

万箭齐发之下，魏军顿时乱了阵脚，无法招架。庞涓马上意识到自己落入了孙膑的包围圈。自知无计可施、败局已定，智穷兵败之时，他拔剑自杀，死前恨恨地说："倒是成就了这小子的名声！"齐国趁势反击，再次取胜。

马陵之战，魏国太子被俘，主将自杀，军队大败，国势从此衰落。孙膑则一雪前耻，并为齐国称霸东方奠定了基础。

孙膑晚年著书立说，与先祖一样，留下一部《孙膑兵法》，名传后世。

课后设计

【一家之言】

郑观应在《盛世危言》中，将古往今来的将领分为四类：儒将、大将、才将、战将。儒将，指出身文人并有儒雅风度的将领；大将，指百战百胜、功勋卓著的将领；才将，指以谋略见长的将领；战将，指以勇力见长的将领。你认为，吴起、孙膑应该归于哪一类呢？说说你的理由。

苏秦：身无洛阳二顷田，腰佩相印诸侯连

人物小档案

姓名：苏秦

生卒年：？—前284年

国别：东周洛阳人，游历各国，主要服务于燕国

职位：国相

特点：能言善辩，合纵六国

人生历程：求官失败—闭门苦读—游说各国合纵，身佩六国相印—在齐国做间谍—死后被五马分尸

故事出处：《史记·苏秦列传》《战国策》

讲给孩子的历史人物故事·战国人物

战国时期，列国之间的征伐、吞并十分频繁，纵横家因此走上历史舞台。他们游走于各国，以三寸不烂之舌引导天下大势。这其中，"身挂六国相印"、主张合纵的苏秦无疑是佼佼者。他的经历，也是一介布衣靠自身勤奋出人头地的励志故事。年轻的时候，苏秦游离四方，却未受赏识。他穷困潦倒回到家中，连家人都不愿意搭理他。邻居也耻笑他不务正业，妄想以口舌为业。但最终，苏秦成功说服六国合纵攻秦，衣锦还乡，赢回了尊严。

潦倒被人欺

苏秦出身于洛阳一户普通人家，自幼聪颖，天资过人。据说有一次他和老师骑马来到洛阳城外，途经一些石碑。他一边侧头观看，一边策马前行。老师对他说："你感兴趣的话，咱们停下来看看再走吧。"苏秦却说："老师，我已经看完了。"老师不信，苏秦就把石碑上的内容背给他听，居然一字不差。这就是"走马观碑"的典故。

苏秦后来向东到了齐国，拜在隐士鬼谷子先生门

苏秦：身无洛阳二顷田，腰佩相印诸侯连

下，学习纵横之术。

学成之后，苏秦开始游历四方。可惜，直到盘缠用尽，皮衣穿破，他也没有谋得一官半职，只好变卖车马随从，担着行李打道回府。

苏秦落魄不堪地进了家门，大受冷遇。兄弟、嫂妹、妻妾都取笑他，甚至他的父母也不愿搭理他。妻子忙着织布，头也不抬。嫂子不给他做饭，父母不跟他说话。在他们看来，老老实实在家经营，买上几亩良田，或者做点小买卖，那才是正事。大家都说：苏秦你丢掉本行而去干些耍嘴皮子的事，活该穷困潦倒！

苏秦听了这些话，暗自惭愧、伤感，干脆闭门不出，把自己的藏书全部阅读了一遍。有的时候读书到深夜，不免昏昏欲睡，为了驱赶困意，他就拿着锥子刺向自己的大腿。苏秦恨恨地说："读书人拜师受教、埋头苦读，却不能换来荣华富贵，那读书再多又有什么用呢？"

后来，苏秦得了周书《阴符》，如获至宝。他反复研读，细心揣测各国君主的需求，寻找能打动诸侯的方法。一年以后，苏秦激动地说："可以了，就凭这些足可以游说当世的国君了。"

秦燕势不同

他先是选中了周,尝试去游说周天子。但是苏秦这些年的四处碰壁、穷困潦倒,在家乡洛阳谁人不知呢?周天子的亲信都劝说他不要相信苏秦,苏秦再次以失败告终。

苏秦只得离开周,开始了游说列国的旅程。商鞅变法之后,列国之中秦国实力最强。于是,苏秦将下一站选定为秦国,意欲游说秦王"连横"东方六国。

此时,任用商鞅变法的秦孝公已经去世,即位的是秦惠王。苏秦向秦惠王建议说:"秦国地理位置优越,东有河关,南有巴蜀,北有代马,西有汉中,完全可以吞并天下、称帝而治。"

秦国想吞并六国统一天下,那是早已有之的野心。只可惜,秦惠王刚刚听取了一些老士族的谗言,车裂了千古功臣商鞅,因此对这种四处游说的辩士非常痛恨。不管苏秦怎样巧舌如簧,秦惠王都不为所动。秦惠王客气地下逐客令说:"羽毛没有长成,鸟不可以高飞;我国的大政方针还不明确,就谈不上兼并别国。"

得不到秦国的任用,苏秦只得掉头向东。他先是到了赵国，赵国的丞相不喜欢苏秦，极力排挤他。接着，苏秦前往燕国，足足等了一年多才有机会拜见燕文侯。

苏秦胸有成竹，向燕文侯分析天下大势，并指出燕国的战略错误：忧千里之秦国而略百里之赵国。他分析道："秦国如果要攻打燕国，必须穿越赵国，远行几千里，即使攻克了燕国的城池，也没有办法守住它。所以，秦国不会侵犯燕国。可是，赵国如果要攻打燕国，只要发出号令，十天不到，几十万大军就会挺进国境，再用不了四五天，就逼近燕国的都城了。所以说，秦国攻打燕国，是千里以外的战争；赵国攻打燕国，是百里以内的战争。大王您不忧虑百里以内的祸患，而重视千里以外的敌人，再没有比这更错误的策略了。希望大王与赵国合纵相亲，把各国联成一体，那么燕国一定可以高枕无忧。"

燕文侯听后觉得很有道理，说："我的国家弱小，西边紧靠赵国，南边接近齐国，两个都是强国啊。你要是能用合纵之策确保燕国的安全，我愿倾国相从。"于是，燕文侯最终被说动，封苏秦为燕国丞相，资助他去赵国游说。

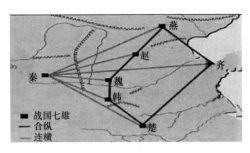

合纵连横示意图

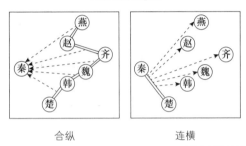

合纵　　　　　连横

合纵,"合众弱而攻一强",即东方六国结为南北向的联盟共同对付秦国;连横,"事一强以攻众弱",即六国分别与秦国结为东西向的联盟。

可以说,燕国是苏秦"合纵"战略的第一步,燕文侯对苏秦是有知遇之恩的。

赵韩愿相随

带着燕文侯资助的车马金帛,苏秦来到赵国。此时,赵国的丞相赵成已死。苏秦很快得到了赵国的君

苏秦：身无洛阳二顷田，腰佩相印诸侯连

主——赵肃侯的接见。见到赵肃侯后，苏秦先是对之一顿吹捧："上至将相人臣，下到布衣学者，人人都仰慕您的仁义之名，都希望能亲耳聆听您的教诲。之前，丞相赵成嫉妒人才，贤能之士都得不到机会在您面前畅所欲言。现在赵成已死，您又可以和士民百姓亲近了。请容我向您陈述我的忧虑。"

接着，苏秦对赵肃侯展开了教科书式的辩论攻势，为之分析当前所面对的国际形势，端出自己的战略计划。

苏秦指出，安定人民的根本措施，在于选择邦交。赵国有两大强悍的邻居，一个是秦国，一个是齐国。如果结交秦国，秦国就会联合赵国削弱魏、韩；如果结交齐国，齐国就会联合赵国削弱楚、魏。但韩、魏、楚被削弱，对赵国没有任何好处。赵国想凭一国之力抵抗秦国太难。

接着，他告诉赵肃侯："为今之计，最好是联合中原各国一起对付秦国。中原各国的土地比秦国大五倍，军队比秦国多十倍。要是赵、魏、韩、燕、齐联合起来抵抗秦国的话，还怕打不过它吗？为什么要割让自己的土地去侍奉秦国、向秦国俯首称臣呢？战败和战胜,向他人称臣和接受他人称臣,完全是截然不同的感受啊。"

最后,苏秦提议由赵国出面,促使韩、魏、齐、楚、燕、赵合纵相亲。如果一国受到秦国的攻击,其他各国有义务出兵协助。这样,秦国一定不敢从函谷关出兵侵犯山东六国,赵国还能够在其他五国之中称霸。

苏秦的游说深深打动了赵肃侯,加上那个时候强盛的秦国正严重威胁着赵国的安全,赵肃侯便给了苏秦驷马之车百辆、黄金千镒(yì,古代的重量单位,一镒合二十两)、白璧百双、绸缎千匹,让他去游说其他五个诸侯国结盟。

这时,秦国派公孙衍攻打魏国,活捉了魏国将领龙贾,攻取了魏国的雕阴,并且打算向东方用兵。

苏秦随即到达韩国,游说韩王加入合纵。苏秦如法炮制,先夸奖韩国山川秀美、兵甲雄壮、韩王贤能。他对韩王说:"韩国的勇士,有坚固的铠甲、强劲的弓弩、锋利的宝剑,一个顶一百个。凭着这样的兵力,加之大王的贤明,韩国却向西拱手臣服于秦国,难道不是莫大的耻辱吗?

苏秦：身无洛阳二顷田，腰佩相印诸侯连

"况且，以韩国有限的土地，去迎合秦国无止境的贪欲，这就是埋下怨恨、结下祸根啊。俗话说：'宁为鸡口，无为牛后。'现在大王要拱手向西称臣秦国，和做牛肛门有什么不同呢？以大王之贤能，以韩军之骁勇，而落得个牛肛门的名声，我都替大王感到羞愧啊。"

听完苏秦的话，韩王的脸色都变了。他手按宝剑，终于下了决心："寡人虽然无能，但也决不能去侍奉秦国。我愿意把整个国家托付给您，听从您的安排。"

齐楚皆听从

一举搞定三个国家后，苏秦来到魏国。

魏国在战国初期是强国，地处中央，人口众多。照例，苏秦胸有成竹，先大肆夸赞了魏国一番：国土纵横千里，人口稠密，车马众多，往来商旅络绎不绝，实力与楚国不相上下。结论还是那句话：魏，天下之强国，王，天下之贤王，若要向西去侍奉秦国，多么令人耻笑啊。

"想当年，勾践卧薪尝胆，三千越甲可吞吴。周武王,三千士兵、三百战车就能灭商。而如今魏国,精锐部队二十万,非精锐二十万,前锋二十万,勤杂兵十万,战车六百乘,战马五千匹。以这样的实力,却割地事秦,兵未用国已亏!不如六国合纵,拧成一股绳,再也不用担心秦国来侵犯了。"

最终,魏王也被苏秦说动,全力赞同合纵之策。

接着,苏秦来到东方的齐国。

齐国是战国时期的强国,是有实力与秦国对抗的少数大国,具有很高的战略地位。对于主张合纵之策者来说,齐国是一定要争取的国家。

苏秦站在齐国的立场,对齐宣王说:"齐国南面有泰山,东面有琅邪山,西面有清河,北面有渤海,四面天险,是名副其实的四塞之国。土地纵横两千余里,带甲之兵数十万,粮食堆积如山。国都临淄殷实而富足,居民吹竽鼓瑟、弹琴击筑、斗鸡走狗、下棋踢球,好不热闹。街上更是车水马龙、人山人海。这是怎样的富庶啊!

"韩、魏之所以非常畏惧秦国,是因为它们和秦国接壤。秦国若攻打齐国,需要跨越千里之地,还要顾虑韩、魏的暗算,所以只能虚张声势,不敢冒险进攻。

苏秦：身无洛阳二顷田，腰佩相印诸侯连

"秦国对齐国如此无可奈何，齐国却要臣服于秦国，这是群臣决策有误啊。现在我们既没有理由向秦国称臣，又有强劲的实力，大王您一定要多加考虑。"

齐宣王被说服了，他表态说："寡人地处偏僻之地，幸而听到您高明的计谋。齐国决心加入合纵！"

最后，苏秦来到地处西南的楚国，自然又是凭口舌之力一展外交魅力。

他劝说楚威王攻打秦国：楚国实力雄厚，完全可以和秦国并驾齐驱；秦强则楚弱，楚强则秦弱。

"楚国国土纵横五千多里，带甲之兵上百万，战车千辆，战马万匹，存粮可供十年。这些都是成就霸业的根本。凭着楚国的强大和大王的贤明，天下没有哪个国家能比得上。如果连楚国都臣服于秦国，那么天下就没有能与秦国抗衡的国家了。

"秦是虎狼之国，意欲吞并天下。秦也是天下各国的仇敌。对于秦国来说，最大的忧患就是楚国。两国势不两立，不能并存。楚国加入合纵，就能孤立秦国。合纵成功，诸侯割让土地侍奉楚国，楚国就能称王。连横成功，楚国割让土地侍奉秦国，称霸的就是秦国。"

这番话精准地点到了楚王的痛处,楚王赞同地说:"秦国向来有夺取巴蜀、吞并汉中的野心,的确不可亲近。韩、魏则因受到秦国的压力,无法共同深入谋划。以楚一国之力抗秦,又怕没有胜算。寡人因此卧不安席、食不甘味。如今你倡议团结诸侯,六国联合,正可以解寡人之难,寡人愿意合纵伐秦!"

从燕国起步,历经赵国、韩国、魏国、齐国、楚国,苏秦单枪匹马,研究每个国家的具体情况,一口气说服了六国君主联合抗秦。

衣锦归故里

经过苏秦的奔走,楚、齐、魏三个封王的诸侯和赵、燕、韩三个封侯的诸侯一概称王,告拜天地,订立盟约。六国都将相印交给苏秦,封他为"纵约长",让他专管联合抗秦的事。

苏秦北上回赵国复命,途经洛阳。随行的车辆马匹满载着行装,各国都派有送行的使者,气派堪比帝王。周天子听说后十分害怕,赶紧吩咐打扫道路,派使臣到郊外迎接慰问。苏秦的兄弟、妻子、嫂子不敢

苏秦：身无洛阳二顷田，腰佩相印诸侯连

抬头仰视他，都俯伏在地，非常恭敬地服侍他用饭。苏秦笑着对嫂子说："你为什么之前对我那么傲慢，现在却对我这么恭顺呢？"他的嫂子俯伏在地，脸贴着地面请罪说："因为您如今地位显贵，钱财多啊。"苏秦感慨万千，说："同样是我这个人，富贵了，就敬畏我；贫贱时，就轻视我。家人都如此，何况一般人呢！假使我当初在洛阳近郊有二顷良田，又怎么可能有今天佩戴六国相印的荣耀呢？"

成语释义

前倨后恭：以前傲慢，后来恭敬。形容对人的态度发生改变。

苏秦慷慨地拿出千金赏赐给宗族朋友，并回报当初对他有恩之人。苏秦到燕国去的时候，曾向一个人借过一百钱做路费，现在富贵了，就拿出一百金（一百万钱）加倍偿还。他的随从人员中，唯独有一人没有得到报偿，就上前去申说。苏秦说："我不是忘了你。当初你跟我去燕国，在易水边上，却一而再，再而三地要离开正处于困窘中的我，我非常责怪你，因此把你放在赏赐的最后一个。你现在也可以得到赏赐了。"

回到赵国后，苏秦被封为武安君，并派人把合纵盟约送交秦国。面对六国联盟，秦国不得不谨慎行事，秦兵也不敢轻易跨过函谷关，这种状况居然维持了十五年之久！

战国时期，六国有过多次合纵，苏秦主导的这次合纵是最为成功的一次。

后来，秦国通过努力，联合齐国和魏国，出兵攻打赵国。赵王责备苏秦。苏秦很害怕，请求出使燕国。苏秦离开赵国以后，合纵盟约便瓦解了。

苏秦活动的这一时期，国家众多，各自都心怀鬼胎，打着自己的小算盘，这也给了苏秦这样的纵横家一展雄才的舞台。国际形势风云变幻、错综复杂，乱成了一锅粥。不管是"合纵"还是"连横"，他都以超凡的睿智和勇气机智应对，后人就用"纵横捭阖"来指在政治、外交上运用高明的手段进行联合或分化。

名篇摘选

苏秦之昆弟妻嫂侧目不敢仰视,俯伏侍取食。苏秦笑谓其嫂曰:"何前倨¹而后恭²也?"嫂委蛇³蒲服⁴,以面掩地而谢曰:"见季子位高金多也。"苏秦喟⁵然叹曰:"此一人之身,富贵则亲戚畏惧之,贫贱则轻易之,况众人乎!且使我有洛阳负郭⁶田二顷,吾岂能佩六国相印乎?"

——《史记·苏秦列传》

【注释】

1. 倨(jù):傲慢。2. 恭:恭敬。3. 委蛇(wēiyí):同"逶迤",曲折前进、斜行。4. 蒲服(púfú):同"匍匐",伏地而行。5. 喟(kuì):叹息。6. 郭:外城。

巧舌赚十城

苏秦到达燕国后不久,燕文侯去世,燕易王继位。

此时,齐宣王居然趁着燕国国丧,派兵攻打燕国,一连攻克了十座城池。

燕易王对苏秦说:"从前先生到燕国来,先王资助你去见赵王,于是才约定六国合纵。如今齐国首先进攻赵国,接着又攻打我燕国,因为先生的缘故,我们两国被天下人耻笑。先生能替燕国收复被夺取的城池吗?"苏秦感到非常惭愧,为了报答燕国的知遇之恩,他请求出使齐国:"请让我替大王收复失地。"

苏秦来到齐国,见到齐宣王后,先是弯腰向他表示庆贺,然后仰起头来表示哀悼。齐宣王很纳闷儿,问:"为什么同时对寡人施以庆贺和哀悼之礼呢?"苏秦说:"我听说,一个人就算再饿,也不会吃乌头这种有毒之物,因为吃它虽然能填饱肚子,人却会被毒死。吃得越多,死得越快。现在,燕国虽然弱小,燕王却是秦王的女婿。大王占了燕国十座城池的便宜,就是与强秦结了仇怨,这是很不明智的。齐国就

苏秦：身无洛阳二顷田，腰佩相印诸侯连

不怕招致秦国的精锐部队吗？这和吃乌头充饥是一个道理啊。"

听了这话，齐宣王脸色一变，赶紧问道："既然如此，那寡人该怎么办呢？"

苏秦说："古人善于处理事情的话，能够转祸为福，从失败当中取胜。大王若愿听从我的计策，希望大王能够主动归还燕国的十座城池。这样的话，燕易王必定会感激大王。秦王也会感谢大王眷顾他的女婿。如此化敌为友，大王再对天下发出号令，没有敢不听的。这就等于表面上依附秦国，实际上却以十城的代价取得了天下，这是称霸诸侯的功业啊。"

齐宣王被说服了，果然归还了燕国的十座城池，并且送上千金表示自己的歉意。苏秦可谓以如簧巧舌赚取了十城。

回到燕国，功劳显著的苏秦愈发狂妄起来，甚至与燕易王的母亲私通。燕易王知道后，不但没有责怪他，却更加厚待他。苏秦却心虚，主动对燕易王说："我留在燕国，不能使燕国的地位提高，我若去齐国，就一定能给燕国带来好处。"燕易王说："一切听任先生的意思吧。"于是，苏秦假装得罪了燕王，逃跑到齐国。

为捉凶宁分尸

齐宣王高兴地接待了苏秦，任用他为客卿。齐宣王去世后，齐湣王继位，依旧对苏秦信任有加。苏秦劝说齐湣王把齐宣王的葬礼办得铺张隆重，以表明自己的孝道，还劝说齐湣王大兴土木，修建宏伟奢侈的宫室和园林，以彰显自己的身份。其实，这些都是苏秦为了保燕国而拖垮齐国的计策。

齐湣王与秦昭王相约共同称帝（一为东帝，一为西帝），但苏秦为了达到替燕国联合秦、赵攻破齐的目的，阻挠齐、秦的联合，并怂恿齐湣王取消帝号，合纵攻秦。

苏秦有多么受齐王宠信，就有多么招人怨恨，他越是如日中天，齐国的士大夫对他就越是嫉恨。他们怀疑苏秦是间谍，要来搞垮齐国，于是就派刺客当街刺杀了苏秦！

苏秦遇刺后身负重伤，勉强逃回。齐湣王听说后，

苏秦：身无洛阳二顷田，腰佩相印诸侯连

即刻下令捉拿凶手，但凶手早已不知所终。受伤的苏秦预感自己即将离开人世，便挣扎着在最后一刻，谋划了一条复仇之策。

他对来探病的齐湣王说："我马上就要死了，请将我的尸体在闹市五马分尸，对外宣称我是燕国间谍，要重赏凶手。如此一来，刺杀我的凶手就一定可以抓到。"——这是一条多么决绝的复仇计划啊！

苏秦死后，齐湣王果真按照他的意思，以间谍之罪将其五马分尸。果然，看到齐王如此痛恨苏秦，那个刺杀苏秦的凶手主动出来领赏。他一露面，就被抓获并绳之以法了。

苏秦的计谋，虽然惨烈，却在死后为自己报了仇。

苏秦死后，他为燕国充当间谍，破坏齐国的种种秘密被泄露出来。因此，后人将其列为"奸诈之人"。王安石的评价很有代表性，他有诗写道："已分将身死势权，恶名磨灭几何年。想君魂魄千秋后，却悔初无二顷田。"

苏秦的两个弟弟，苏代和苏厉，看到哥哥功成名就、遂顺心愿，也都发奋学习纵横之术。后来，苏代和苏厉都成为著名的纵横家，而且得以寿终正寝。

课后设计

【延伸阅读】

悬梁刺股

东汉时,一个叫孙敬的年轻人十分好学,整日闭门苦读,从早到晚很少休息。到了三更半夜,人总是很疲乏,容易打瞌睡。为了不因此影响学业,孙敬想出了一个办法。他找来一根绳子,一头绑在自己的头发上,另一头绑在房梁上,这样打瞌睡的时候,只要头一低,绳子会牵住头发扯痛头皮,人就会因疼痛而清醒过来。功夫不负有心人,他后来成为赫赫有名的政治家。

苏秦是战国时期有名的政治家,年轻的时候满怀雄心壮志到过很多地方,但因学问还未到家,始终得不到重用。于是他发奋图强,更加刻苦读书。夜深犯困的时候,他用事先准备好的锥子刺自己的大腿,以猛然的痛感让自己

苏秦：身无洛阳二顷田，腰佩相印诸侯连

清醒起来，然后继续用功读书。

  这两个故事便引申出"悬梁刺股"这个成语。

【一家之言】

  你还能想出哪些形容刻苦读书的成语典故？

张仪：连横破合纵，三戏楚怀王

人物小档案

姓名：张仪

生卒年：？—前309年

国别：魏国，主要忠于秦国

职位：国相

特点：能言善辩，连横各国

人生历程：在楚国受辱—在秦国为相—智取巴蜀—戏弄楚王—游说连横—在魏国为相

故事出处：《史记·张仪列传》《战国策》

张仪：连横破合纵，三戏楚怀王

张仪，相传与苏秦同时投于鬼谷子门下学习纵横学，口才了得，智谋超群。他献出妙计，借传言能拉出黄金的石牛灭掉了巴蜀。他用自己的六里封地戏弄楚王，破坏相约合纵的联盟。和苏秦一样，张仪也是纵横捭阖、搅动天下的纵横家，时人谓之："一怒而诸侯惧，安居而天下息。"

舌在足矣

张仪出生于魏国，年少时家境贫寒，曾经靠替他人抄书度日。在抄写的过程中，如果遇到好词好句，就先写在掌中或腿上，晚上回家后，再写在竹片上，久而久之，结集成册，后人遂以"折竹"或"张仪折竹"形容学习勤奋刻苦。

后来张仪拜鬼谷子为师，和苏秦为同学。继续凭着"折竹"这种刻苦学习的劲头，张仪的学问很快就超过了苏秦。学成之后，二人各奔前程。

张仪首先到了楚国，投靠在楚国宰相昭阳的门下。有一次，楚国宰相大摆宴席，宴会结束的时候，宰相府的一块贵重玉璧不见了。那可是楚王赏赐给昭阳的

讲给孩子的历史人物故事·战国人物

和氏璧。门客们怀疑是张仪偷的，他们的理由是：张仪这个人非常贫穷又没有德行，必定是偷璧玉之人！于是，一群人一哄而上，不问青红皂白，抓住张仪就是一顿严刑拷打。张仪当然矢口否认。这帮人最终也没有找到证据，只好把被打得半死的张仪给放了。

张仪回家后，遭到妻子的嘲讽："唉，你要是没有读书，不四处游说，能挨打受辱吗？"张仪急忙问妻子："你快看看，我的舌头还在不在？"妻子笑着说："在啊。"张仪松了一口气，说："那就好。只要舌头还在，就够了。"

成语释义

张仪舌：后世成为典故，喻指能言善辩的口才，亦喻指安身进取之本。

受激入秦

此时，苏秦已经得到燕文侯的资助，在赵国说服

张仪：连横破合纵，三戏楚怀王

赵王合纵抗秦。他正要到其他四国游说的时候，接到一个不利的消息：秦国率兵攻克了魏国的城池，正要乘胜东进。如果秦国攻打赵国，合纵联盟就会被破坏。要拖住秦国的步伐，就需要合适的人选。苏秦想起了自己的同学：张仪。

苏秦派人去暗示张仪："你从前跟苏秦交情不错啊，现在苏秦已经得到重用，你为什么不去找找这个老同学呢？"张仪一听，觉得有道理，于是立刻动身离开楚国，到赵国求见苏秦。

可是，兴冲冲的张仪，一到赵国就被泼了一头冷水。

苏秦事先告知手下，张仪来后，不要及时替他通报。因此，张仪连续好几天来到苏秦的官邸门口，才终于见到苏秦。苏秦对他的态度极其傲慢和冷淡。招待的时候，苏秦坐在大殿之上，面前摆着丰盛的食物，却把张仪安排在殿堂之下，给他端上的是下人吃的饭菜，十分寒酸。

苏秦奚落张仪说："哎呀，以你的才能，怎么会落魄到这种地步呢？你现在这个样子，我也没办法提携你，让你得到富贵啊！"

听了苏秦的话，张仪无地自容。自己不远千里来投奔同窗，自以为可以得到引荐，没想到反而招来一顿羞辱。张仪也不是寻常之辈，他暗自发誓：一定要出人头地，洗刷在苏秦这里遭受的耻辱。

张仪想来想去，诸侯各国中，只有势力迅速增长的秦国可以对抗赵国和楚国。君子报仇，十年不晚。张仪二话不说，收拾行囊奔往秦国。在那里，他的三寸不烂之舌终于找到了用武之地。

张仪相秦

其实，这正是苏秦的激将法。张仪一走，苏秦就对自己的门客说："我这个老同学张仪，是天下少见的贤能之人，他的本事在我之上。幸亏我比他先受到重用，否则没有我的出头之日。能影响秦国大政的，只有张仪。可惜他处境贫困，没有觐见秦王的渠道。我怕他满足于小恩小惠，不能成就大业，因此把他召来羞辱一番，以激发他的斗志。现在，他已经奔向秦国，你替我暗中帮帮他吧。"

于是，苏秦将此事回禀赵王，调拨金钱、车马，派门客暗中跟着张仪，与他一同住宿，慢慢接近他。

熟络以后,只要张仪缺啥,门客就慷慨奉送。在此人的资助下,张仪得到机会拜见秦惠王,并被秦惠王任命为客卿。

不久,苏秦的门客来告辞,张仪不舍地说:"依靠您的鼎力相助,我才得到显贵的地位。正要报答您的恩德,为什么要走呢?"门客说:"我不是赏识您的人,赏识您的人是苏秦先生。苏先生担心秦国攻打赵国,破坏合纵联盟,认为天下英才中只有您能影响秦国的大政,所以特意激怒您,派我暗中资助您,让您可以在秦国施展拳脚。这都是苏先生谋划的策略啊。如今先生您已得到秦国的重用,请让我回去复命吧!"

听闻此言,张仪恍然大悟:"我错怪他了。我未能识别他的谋略,远不及他高明啊!如今我刚接受任命,怎么可能图谋赵国呢?请替我感谢苏先生,只要苏先生在,我张仪绝不会提议攻打赵国!"

门客回去复命后,苏秦这才放下心来,开始游说其他诸侯国,最终成就合纵六国之大业。

张仪当然没有忘记自己在楚国所受的羞辱,他给楚国宰相写了一封警告信,大意是:"当初在宴席上我不曾偷你的玉璧,你却污蔑我、鞭笞我。如今,你得好好守着你的国家了,我反而会'偷'你的城池了!"

智吞巴蜀

张仪入秦不久,蜀国出兵苴国。苴国害怕被自己的母邦攻破,派人向秦惠王求救,表示只要秦国出手相助,愿意借道给秦国伐蜀。

这对有着统一野心的秦国来说,是吞并蜀地、扩展地盘的天赐良机。但这个时候,东面的韩国又来侵犯秦国。秦惠王难以决策:先伐韩,害怕错失吞并巴蜀的机会;先伐蜀,担心韩国从背后偷袭。

秦国的朝堂上,大臣们也是众说纷纭,意见不一。

以张仪为代表的一方主张先伐韩。理由是:可乘着伐韩的机会,夺取中原土地,逼近周天子的城郊。周天子自知无法自救,一定会献出九鼎宝器。秦国占有九鼎后,可挟天子以令天下,诸侯不敢不听。这是统一天下的大业啊。蜀国是野蛮人所在的偏僻国家,劳师动众,却不能建立名望,这是离帝王之业更远了。

以将军司马错为代表的一方主张先伐蜀。理由是:攻击偏远的蜀国,可以扩展秦国的战略后方,增

张仪：连横破合纵，三戏楚怀王

强国力。秦国伐蜀，就像豺狼追逐群羊一样容易，而且不必背负挟天子以令天下的恶名。秦国实力有限，应该先易后难。

最终，秦惠王采纳了司马错的意见，决定先伐蜀。

但是，通往蜀国的道路非常险峻，大兵通行困难，粮草也供应不上。怎么办呢？

张仪听说蜀侯性贪，想出了一个绝妙的办法。他找人用石头雕琢了五头牛，命人每天把很多金子堆在牛屁股后面，声称这些石牛不一般，拉出的粪便是金子。秦国愿意将这些会拉金子的石牛赠送给蜀侯。可是石牛沉重，如何翻山越岭运到蜀国呢？

蜀侯贪图这些神奇的石牛，下令民众开山填谷，修筑金牛道，并派大军前去迎接。结果，金牛没带回来，倒是招来了早有准备的秦国大军。秦军沿着修好的道路跟了过来。蜀侯慌忙调集军队，但为时已晚，不仅自己被杀身亡，蜀国也亡了国。

秦军在回师的时候，一鼓作气攻占了苴国、巴国，俘虏了苴王、巴王。秦国正式将巴、蜀、苴列入自己的版图，设立了巴郡和蜀郡。这里不仅土地肥沃，而且处于长江上游。以此为据点，司马错率军顺江而下攻打楚国,顺利拿下了楚国的商於之地。

名篇摘选

昔蜀侯[1]性贪,秦惠王闻[2]而欲伐之。山涧峻险[3],兵路不通,乃琢石[4]为牛,多与金帛[5]置牛后,号牛粪之金,以遗[6]蜀侯。蜀侯贪之,乃堑[7]山填谷,使五丁力士[8]以迎石牛。秦人帅[9]师随后而至,灭国亡身,为天下笑。以贪小利失其大利也。

——刘昼《新论·贪爱》

【注释】

1. 蜀侯:蜀国的君主。2. 闻:听说。3. 峻险:山高而陡。4. 琢石:雕刻石头。5. 金帛:黄金和丝绸。6. 遗:给予,馈赠。7. 堑:挖掘。8. 五丁力士:负担劳役的劳动人民,后来传说为五个力士。9. 帅:古同"率",率领,带领。

古蜀道示意全图

古栈道

连横魏国

秦惠王十年,张仪奉命与公子华率兵攻打魏国,很快拿下了魏国的蒲阳。秦攻占蒲阳后,张仪劝说秦惠王把它归还魏国,而且提议让秦国的公子到魏国去做人质。他则利用护送公子去魏国的机会,找时机接近魏王,游说魏王与秦国亲善。

来到魏国,张仪半威胁半劝告地对魏王说:"你看,秦国对待魏国如此宽厚,不仅归还了蒲阳,还将公子繇送来当人质,魏国怎么说也应该报答一下秦国吧。况且秦、魏两国结成联盟后,合兵讨伐其他国家,魏国将来得到的土地肯定要比送给秦国的土地多很多倍。"魏王被说动了,把上郡十五县和河西重镇少梁献给秦国作为答礼。至此黄河以西地区全部归秦所有。张仪因功被提拔为秦国的国相,公孙衍入魏为将。

可惜不久,魏国就背叛了盟约。魏国和韩国为了对抗秦国,互尊为王。秦惠王大怒,派张仪率兵夺取了魏国的陕县。张仪出任秦国国相四年,拥戴秦惠王正式称王,并奉命到东方和齐国、楚国的国相进行会晤。正是这趟东方之行,促成一个破坏各国合纵的计划在张仪的脑中成形。他决心利用各诸侯之间的矛盾，运用雄辩的口才、诡谲的谋略，四方游说，为秦国建立功绩。

从东方回来后，张仪被免去秦国国相的职位，改去魏国担任国相，打算说服魏国向秦国称臣。当然这个相国是象征性的，魏国真正的相国还是公孙衍。这一时期，东方合纵的重心在魏国。张仪磨破了嘴皮子，魏王也不肯与秦结盟。四年后，新王即位，仍是不肯侍奉秦国。于是，张仪改变策略，采取军事恐吓的手段，暗中让秦国攻打魏国。魏国自然敌不过。

第二年，秦国想要再次攻打魏国，先打败了韩国的军队，斩首八万，诸侯各国震惊恐慌。

借此机会，张仪再次游说魏王。他要破坏合纵，方式正好与苏秦、公孙衍相反。

首先，他从地利上进行分析："魏国土地不过千里，士兵不超三十万。四周地势平坦，没有名山大川的阻隔。南边接楚国，西边接韩国，北边接赵国，东边接齐国，驻守四方所需的士兵就不少于十万。魏国的地势，本来就是个战场。向南亲楚不亲齐，齐国就攻打你；向东亲齐不亲赵，赵国就攻打你；与韩国不合,则西面受敌;不亲楚国,则南面受敌。这就是四分五裂的地势啊。"

接着,他从人和上进行分析:"合纵的目的,是为了国家安宁。但是合纵的致命缺点,是让各国行动保持一致。为了达到这个目标,各国相约为兄弟手足,杀白马而盟誓。可是,就连亲兄弟都会争夺钱财,凭借苏秦虚伪欺诈、反复无常的策略,合纵联盟必定是要失败的。"

最后,他得出结论:"那些主张合纵的人,只会讲大话、唱高调,难以取信。只要说动一个国君,就能达到封侯的目标。所以天下游说之士,无不摩拳擦掌、大谈合纵的好处。国君们被他们的口才所迷惑,这难道不是犯糊涂吗?大王还是仔细思考一下我的话吧。

"如果魏国能依附秦国,楚国、韩国就不敢轻举妄动。没有了楚国和韩国的威胁,大王就可以高枕无忧了啊。您若不听从我的建议,秦兵须臾即到,到时候再想反悔就来不及了。"

于是,魏王背弃了合纵盟约,请求与秦国和解。

张仪游说成功,回到秦国,重新出任国相。

张仪：连横破合纵，三戏楚怀王

戏弄楚王

成功游说魏国、瓦解合纵之后，秦国的下一个目标是齐国。但是，齐国和楚国之间缔结有合纵相亲的盟约。于是张仪领命前往楚国进行游说。

楚怀王听说大名鼎鼎的张仪要来，空出上等的馆舍，以最隆重的礼仪接待他。楚怀王谦卑地说："楚国地处偏远，不知先生有何指教？"

张仪说："如果楚国和齐国断绝往来，我请秦王献出商於一带六百里的土地给楚国，把秦国最漂亮的女子给大王做侍妾，秦楚之间娶妇嫁女，永远结为兄弟！"

不出一兵一卒，就能白白得到六百里土地？这样的好事可不常有。贪婪而愚蠢的楚怀王，满口答应了下来。

为了笼络张仪，楚国还授予张仪相印，馈赠他大量财物。

然后，楚怀王派人到齐国，与之绝交。接着，他派一个使者跟随张仪回秦国，办理土地交割手续。

哪成想，这一切，不过是张仪的计谋罢了。

回到秦国的张仪，假装从车上跌下来受了伤，三个月都没上朝。楚国的使者急得团团转，赶紧回报楚怀王。

楚怀王听闻以后，说："张仪是不是觉得寡人跟齐国绝交得不彻底呢？"于是，楚怀王派勇士到宋国借符节，然后到齐国朝堂之上辱骂齐王！

可想而知，这番操作把齐王气得够呛。齐王斩断符节，决定与秦国结盟，一起抗衡楚国！

齐、秦正式结盟后，张仪才上朝。他对楚国的使者说："我有秦王赐给的六里封地，愿把它献给楚王。"楚国使者大吃一惊，说："我奉楚王的命令，来接收商於之地六百里，不曾听说过六里啊。"张仪假装惊讶地问："楚王是不是听错了？秦国的土地都是血战所得，怎肯以尺寸之地拱手他人？何况是六百里这么多呢。"

楚国使者赶紧回去报告楚怀王。楚怀王得知自己被张仪戏弄了，不禁怒火中烧，立刻就要发兵攻打秦国。他大骂道："张仪，果然是反复无常的小人！寡人要将他生吞活剥！"

怎奈，秦军本强悍，加之又有齐军的相助，楚军最终大败，楚国损失一员主将和八万人马，还被夺去了丹阳、汉中的土地。

楚怀王只好割地与秦国议和。秦惠王说:"寡人想要楚国黔中之地,可用武关以外的土地来交换。"楚怀王恨恨地说:"我不愿意交换土地,只要得到张仪,愿献出黔中之地。"

被囚于楚

秦惠王想要遣送张仪,又不忍开口。得知这一消息,张仪却主动请求前往。

秦惠王说:"楚王恼恨先生背弃奉送商於六百里地的承诺,这是存心报复您呀。"

张仪说:"秦国强大,楚国弱小。我是秦国使者,楚王怎么敢杀我?上一次在楚国的时候,我就着意结交了楚国大夫靳尚。靳尚侍奉的是楚王的宠妃郑袖,而楚王对郑袖是言听计从的。这就是我翻盘的机会。况且即使我被楚王所杀,但能替秦国取得黔中之地,那也是很合算的啊。"

于是,张仪坦然而行,再次出使楚国。

果不出所料,张仪一到楚国国都,就被囚禁了起来。楚怀王当然是欲杀之而后快。

可是，在楚怀王的后宫里，一场密谋也在同时进行着。

靳尚进宫找到郑袖，一开口就直击郑袖的痛处："您知道您将被大王遗弃了吗？"

郑袖一头雾水，赶紧问："这是怎么一回事？"靳尚说："秦王素来器重张仪，如今打算归还楚国的失地，把美女嫁给楚王，用宫中能歌善舞的女子做陪嫁，以救出囚禁中的张仪。楚王看重土地，就会敬重秦国。秦国的美女一定会受到宠爱而地位尊贵，这样，夫人您就会被遗弃了。"

郑袖问："大夫您有何计策，能阻止此事呢？"

靳尚说："不如在楚王面前替张仪说情，放他归秦吧。"

郑袖果然不失时机地向楚王进言："做臣子的，主人是谁，就为谁效力。现在我们还没有割让土地，秦王就把张仪送来了，可见对大王的尊重。大王杀掉张仪，必定会惹怒秦王，招致秦兵的进犯。请让我们母子搬到江南去避难吧。"听自己的爱妃这么一说，楚王就有点动摇了。

靳尚也奉劝楚怀王："杀了一个张仪，秦国能有多

张仪：连横破合纵，三戏楚怀王

大损失呢，楚国却要白白失去黔中之地数百里。"

楚怀王也心疼黔中的数百里土地，不舍得割给秦国。于是他下令赦免张仪，并且还像过去一样优待他。

巧破合纵

张仪被放出来不久，还没离去，就听说苏秦死了，他便刻不容缓地在楚国继续他的连横大业。他从以下三个方面游说楚王，层层瓦解了楚王的防线。

（一）两强相争，两败俱伤。秦国占据半个天下，军队能挡四方，地势险要，是易守难攻的四塞之国。勇士一百多万，战车千辆，战马万匹，贮存的粮食堆积如山。士兵不畏艰难，乐于牺牲，国君贤明，将帅有智有谋。合纵各国一起抗秦，无异于驱赶羊群进攻凶猛的老虎。眼下，大王不结交老虎而去结交绵羊，计策有误啊。

（二）合纵不利于楚国。合纵是集合弱国去打强国。常言道，兵不如人不要去挑战，粮食不如人不要与之久战。现在秦国占据巴蜀之地，顺流而下攻打楚国，十日就到边境，三个月就能消灭楚国。倘若交战，合纵国的援兵至少半年才能到位。依靠弱国，与强国为敌，怎么能有胜算呢？之前楚与秦交战，您丢了汉中之地，后来再战，您又丢了两城。这是两虎相争，让韩、魏得利啊。况且倡导合纵之策的苏秦本就是诈伪之人，受封于赵国，为相于燕国，在齐国做间谍，最后被车裂，他的话是不足为信的。

（三）连横有利于楚国。秦楚接壤，地缘上也是亲近的国家。我认为没有比与秦交好更合适的策略了。大王如果听从我的话，我请求秦楚两国互派太子做人质，请求秦王将女儿嫁给大王为姬妾，并进献万户之地，永结兄弟邻邦，终身互不攻伐。

最终，在张仪的忽悠之下，楚国决定和秦国连横。

接着，张仪来到韩国，同样从三个方面游说韩王。

（一）秦强韩弱，高下立见。韩国自然条件恶劣，人民生活困苦。土地不足九百里，存粮不足两年。士兵总数不超过三十万，除去驻守边防的士兵，不过二十万。而秦国，带甲之兵一百多万，战车千辆，战马万匹，勇猛之士不可计数。

（二）合纵不利于韩国。不要听信主张合纵之人的甜言蜜语，他们每一个人都会说：听从我的策略，

张仪：连横破合纵，三戏楚怀王

可以称霸天下。但不顾社稷长远利益的游说，为害不浅。

（三）连横有利于韩国。秦国所希望的，就是削弱楚国。能够削弱楚国的，首推韩国。这不是因为韩国比楚国强大，而是因为韩国所处的地理位置。谁抢先交好秦国，谁就得安宁。如果大王臣服于秦国一同进攻楚国，秦王一定很高兴。这就转嫁了韩国目前的危机啊。

经过考虑，韩王也听信了张仪。这样，合纵联盟就被张仪拆散了。

张仪回到秦国复命，秦惠王赐给他五个城邑，封他为武信君。

纵横捭阖

成功游说魏、楚、韩背弃合纵联盟后，张仪继续奉命向东游说齐国。之前，张仪承诺商於之地六百里与楚，楚王受骗，与齐绝交。齐王立即与秦联手攻楚，但那只是齐国的报复行为，尚未真正地示好秦国。

张仪来到齐国，照例采用"三步法"进行游说：

先给对方戴高帽,然后指出存在的问题,最后给出解决的办法。他对齐湣王说:"齐国的确是一个殷众富乐的强国,地广人多,兵强马壮。但是,秦国已经和楚国约为兄弟之国,魏国、韩国也已臣服于秦国,齐国如果不跟秦国结盟,临淄、即墨之地转眼就不是齐国的了。大王您得周密考虑啊!"

齐王听后,只得同意。

下一站,张仪要去合纵的发起国:赵国。要破苏秦设下的棋局,赵国是至关重要的一环。

在赵国,张仪所说的一席话,赵王似曾相识,只是苏秦当年给出的解决办法是合纵六国,而今张仪给出的解决办法是连横秦国。

首先,张仪肯定了赵国在合纵国中的领导地位:"大王率领天下诸侯共同抵制秦国,致使秦兵十五年不敢出函谷关。大王的声威遍布天下,秦国不敢轻举妄动,只能整治军备,厉兵秣马,努力耕种,储存粮食,守护边境。"

然后,指出赵国面临的危机:"拜大王之力所赐,秦国攻克了后方的巴、蜀,吞并了汉中,威震周室,迁走九鼎。现在,秦国屯扎在渑池的一支军队,打算

张仪：连横破合纵，三戏楚怀王

渡过黄河、越过漳水，同贵军会于邯郸城下，希望在甲子这一天两军会战，一决胜负。"

最后，张仪给出了自己的解决方案："大王之所以倡导合纵，是受了苏秦三寸不烂之舌的迷惑。如今苏秦已死，诸侯四散。楚国、韩国、魏国、齐国均与秦国联盟了。四国军队将要瓜分赵国国土。为今之计，大王您不如与秦王单独会晤，您说呢？"

赵王害怕了，赶紧说："当年合纵之事，是先王受到苏秦的蒙骗。如今，我愿意割让土地侍奉秦国，来弥补之前的过失。我这就整顿车马去向秦国谢罪。"

最后一站，张仪来到燕国。他对燕王说："当初，赵伐燕，燕割让十城。如今，赵臣服于秦，燕要如何自保呢？"燕国实力历来弱小，被张仪一番"狂轰滥炸"，只好乖乖割让五城给秦国。

至此，六国的合纵关系，被一一击破。

张仪大功告成，回报秦王。但是！还没走到咸阳，秦惠王就去世了，秦武王即位。武王从当太子时就不喜欢张仪，等到继承王位，就直接提拔了张仪的很多仇家。这些人自然是不遗余力地在秦王面前说张仪的坏话。其他诸侯听说新的秦王不喜欢张仪，都纷纷背叛了他的连横政策。

这种情况下，张仪害怕留在秦国会被诛杀，主动对秦武王说："只有东方各国发生大的变故，大王才能得到土地。听说齐王特别憎恨我，只要我在哪个国家，他一定会出动军队讨伐它。所以，大王派我到魏国去吧。齐国攻打魏国的时候，您可以利用这个间隙攻打韩国。秦兵开出函谷关后要直接挺进，兵临周都，必能得九鼎宝器。大王就可以挟持天子成就帝业了。"

秦武王同意了，便准备了三十辆战车，送张仪到魏国。

一年后，张仪病死在魏国相国之位上。

苏秦、张仪这些纵横家，在战国的舞台上非常活跃。有人说他们阴险狡诈，有人说他们才干出众，不管怎么说，他们都有非凡的政治才能，通过诡谲的智谋、雄辩的口才，在各国间纵横捭阖，"一怒而诸侯惧，安居而天下熄"，改变了当时的格局，影响了历史的走向。

课后设计

【左图右史】

结合地图,说出苏秦合纵诸侯和张仪连横诸侯的顺序。

【延伸阅读】

苏秦、张仪年辈问题

两千多年来,苏秦和张仪一直被说成是战国合纵连横斗争中的对手,苏秦大搞合纵,而张仪坚持连横。但1973年出土的长沙马王堆汉墓帛书《战国纵横家书》却表明:苏秦的年辈比张仪晚,苏秦死于公元前284年,张仪死于公元前310年,苏秦的主要活动均在张仪身死之后。张仪在秦国任相时,苏秦还没踏入政坛。考古出土文物的记录,不同于《史记》与《资治通鉴》所言。前者似乎更为可信。

赵武灵王：胡服骑射扩疆土，
舐犊情深困沙宫

人物小档案

姓名：赵雍，谥号"武""灵"，人称赵武灵王

生卒年：前340年—前295年

国别：赵国

职位：国君，主父

特点：变法图强，输于多情

人生历程：年少继位—胡服骑射—英年退位—潜入秦国—纵成内乱—饿死沙宫

故事出处：《史记·赵世家》

赵武灵王：胡服骑射扩疆土，舐犊情深困沙宫

他，锐意改革，英雄一世；他，英年退位，孤身入秦；他，舐犊情深，被困沙丘；他，亦"武"亦"灵"，遗憾身死。他就是赵雍——赵武灵王。

年少遇考验

赵武灵王的父亲，就是那位被苏秦劝服挑头合纵的赵肃侯。赵肃侯戎马一生，与魏、楚、秦、燕、齐等国皆有争战而不落下风，俨然是北方的新霸主。采纳合纵之策，赵肃侯资助苏秦游说各诸侯国以订立合纵盟约，一度成功抵挡了秦国的锐气和向东的攻势。赵肃侯死时，继位的赵武灵王只有15岁。

与赵肃侯恶战多年的五国，欺负新赵王年轻，居然乘着赵国国丧之际，率万人大军压境，声称要来吊唁。五国军队来势汹汹，试图以"会葬"之名伺机瓜分赵国。

形势极其严峻，处理稍有不当，赵国立即就有倾覆的危险。在托孤重臣肥义等人的帮助下，赵武灵王采取强硬措施，以决战的架势迎接居心叵测的"吊唁大军"。

他内政、外交两手抓：在内，将举国之精锐调入邯郸，随时准备战斗；在外，一是派人联合韩、宋两国，争取外援，二是暗中向越王、楼烦王送礼，令其向各自的邻国楚国、燕国施压。

赵武灵王命令前来吊唁的五国只许使者入境，不许军队靠近，所有的吊唁之物全部由赵国大臣接收后送往邯郸。五国使者进入赵国后，见邯郸精锐云集，战备充分，因此不敢有任何的造次，吊唁完后便匆匆离去。最终，五国始终不敢轻举妄动，只得打消瓜分赵国的念头。

赵武灵王抹了一把头上的汗，长出了一口气。年少的赵武灵王一上位就面临如此严峻的考验，所幸经受住了。对年轻的赵王而言，强国之路十分艰难。

赵国身处四战之地，被称为四战之国。中山在腹心，北有燕，东有齐，南有魏、韩，西有秦、楼烦、西胡，且与强大的秦国仅一河之隔。连续几年，赵国不是被秦打败，就是被齐打败，割地求和。秦兵曾联合韩国、魏国攻打赵国，一次就斩首八万。中山国更是时不时地来骚扰，烧杀抢掠之后就跑。

不断成长的赵武灵王一直在谋求强国之道。时值秦武王因举鼎绝膑意外去世,秦国贵族为推举新君展开了新一轮的争夺。赵武灵王自然也不肯放弃这样的机会,他派人到燕国,将在燕国为人质的秦国公子稷送回秦国,拥立为秦昭王。赵武灵王虽没有从秦国捞到什么好处,但此举暂时改善了赵国和秦国的关系,加之各个诸侯国此时正陷入混战,这为赵国赢得了喘息之机,也为雄心勃勃的赵武灵王提供了改革的有利时机和广阔的舞台。

推胡服骑射

赵武灵王的改革,就是"胡服骑射"。

胡服,即穿胡人的服装,短身小袖,皮靴皮带,头上配以金或铜饰的羽冠;骑射,即骑马射箭。在带兵对中山国和北边胡人部落大打出手的时候,赵武灵王注意到胡人的服装非常适合骑马射箭。而中原人的服装,袖子太长,腰太肥,领口太宽,下摆太大。士兵作战时身着宽袍大袖,而且以兵车、长矛为武器,很是拖沓不便。相较之下,轻便的骑兵速度更快,调动更灵活,也更能应付复杂的地形环境。

为了提高赵国的军事实力,赵武灵王和大臣肥义等商量，想让赵国百姓都穿胡服。但这个改革，提出来容易，推行起来难。要知道，中原汉族向来以讲究礼仪自居，瞧不起周边少数民族，如今却要求他们向少数民族学习，穿他们的服装，内心肯定接受不了。在他们看来，这是改变传统、违背人心的举动，岂不是使我千年礼仪之邦蒙羞？

在肥义的支持下，赵武灵王下定决心：就算全天下的人都笑话我，我也要推行改革，必须把中山国和胡人的领土都兼并过来！

于是，赵武灵王自己改穿胡服，并下令全国上下，不分贵贱，全部穿胡服，学习骑射。

法令一颁布，反对的声音一浪高过一浪。在"华夷之别"的思想禁锢下，这是一件"动摇国本"的大事。朝中一些大臣搬出祖宗家法，千方百计阻止改革。赵武灵王的叔父——公子成反对尤其激烈，他觉得这样做太丢脸了，这不是要扔掉中原的文化、礼仪吗？为了不穿胡服，他干脆称病不上朝。

公子成在赵国德高望重，他的态度直接决定了赵武灵王的改革能否推行下去。于是，赵武灵王只得亲自到叔父的府上去劝说。

赵武灵王：胡服骑射扩疆土，舐犊情深困沙宫

赵武灵王对叔父说："您是长辈，家事听您的。可是国事，得听国君的。其实，穿什么样的服装，都是为了做事便利。古往今来，圣人也不是穿一样的衣服在遵守礼节的啊！咱们赵国四面都是敌国，有大河，却没有舟船可用，有漫长的边境，却没有骑马射箭的训练。先王在的时候，中山国仗着有齐国撑腰，随意抢掠我边境、欺负我百姓、围攻我城邑，这是我们的奇耻大辱。如果咱们的军队擅长骑射，近可以守国土，远可以报国仇啊！"

赵武灵王晓之以理、动之以情，终于说动了公子成。第二天，公子成穿着胡服上朝。其他反对的大臣一看，连公子成都被说服了，也只得换上胡服入朝。于是，胡服骑射的法令在全国范围内得到推广。

开始的时候，改穿胡服的赵国人心理上还是有点别扭，不久，都觉得穿胡服无论走路还是干活，都非常灵便。胡服推行不久，赵武灵王又号令赵国兵士练习骑马射箭，把原来的一些步兵转为骑兵。赵武灵王还招募大量善于骑射的胡人，把他们充实到骑兵队伍之中。这样，赵国就有了一支骁勇善战的精锐骑兵。

同时，为了有效地管理骑兵，赵武灵王还改变了

胡服骑射

选拔方式。赵国的将领绝大多数都是从骑兵中产生的,那些在战场上建立战功者不断被提拔,而那些碌碌无为的贵族则被疏远。从此,赵国名将辈出,称霸一方。

胡服骑射的改革效果斐然,赵国军事实力大增。在这之后,赵武灵王继续攻打中山国,陆续攻破林胡、楼烦等游牧民族,设立雁门、云中等郡,并在新开辟的边境修建了长城。

历史小常识

战国以前,马是专为拉车用的。……春秋时

赵王陵墓出土的三匹青铜马

代可能有骑马的事,但只是个别情况。到了战国时代,赵武灵王胡服骑射,才从匈奴学来了骑马。后来骑马之风才渐渐盛起来的。

——王力《中国古代文化常识》

乔装访秦国

赵武灵王的雄心还不止于此。他有更为宏大的计划,那就是绕过函谷关,从云中、九原南下,一路袭击到咸阳,一举吞并秦国!

为此，赵武灵王打算到秦国去摸摸底。他想亲自考察一下秦国的山川地形，同时也想近距离感知一下秦昭王的为人。可是，国内大事交给谁来主持呢？这时，只有四十几岁的赵武灵王突然宣布退位，传位于十岁的太子，即赵惠文王。

赵武灵王先后立过两位太子。第一位是他二十岁的时候娶韩侯的女儿为夫人所生下的长子——赵章。赵章长得像父亲，自小虎虎生威，可惜母亲早逝。第一位夫人死后，赵武灵王一直没有遇见可心的女子。三十来岁的时候，赵武灵王有次梦见一个美女一边弹琴一边唱歌给他听，醒来后仍恋恋不忘。一次酒宴上，他无意间向群臣吐露了这个梦境。大夫吴广听后，将自己的女儿献出。赵武灵王一看，果然是梦中女子，赶紧纳入后宫，十分宠爱，不久就将之册立为夫人。赵武灵王称她为吴娃，意思是吴家的美女。很快，吴娃就生下他们的第一个儿子赵何。赵何继承了母亲的聪慧，很讨人喜欢。因为宠爱吴娃，赵武灵王最终决定废掉太子赵章，改立赵何为太子。

正值壮年的赵武灵王做出了自认周全的安排：太子赵何即位成为新赵王，负责主持内政；自己则号称

赵武灵王：胡服骑射扩疆土，舐犊情深困沙宫

"主父"，负责征战四方。老臣肥义为相国，将领李兑为太傅，负责辅佐新王，叔父公子成为大司马。

安排妥当之后，赵武灵王化装成赵国的使者，带着几十名手下，出使秦国。一路上，他查看山水要道，画成地图。

到了咸阳以后，他化名"赵招"，以赵国使臣的身份觐见秦昭王，并向秦昭王报告了赵武灵王传位于太子的事情。

秦昭王问道："你们的君王老了吗？"

他回答道："正值年富力强。"

秦昭王又问："既然年富力强，为什么要传位给儿子呢？"

他回答说："我们的君王想让太子提前练习练习。他虽然号称'主父'，国家大权可仍然在他手里呢。"

秦昭王又问："你们怕不怕秦国？"

"赵招"回答说："不怕秦国，我们就用不着改穿胡服、练习骑马射箭了。现在赵国的骑兵已是以前的十多倍，有了这样的兵力，大概够资格与秦国交好了吧？"

秦昭王觉得这位使者应对自如，进退有度，不免十分敬重。当天晚上，秦昭王睡到半夜突然惊醒，越

想越觉得哪里不对劲：这位赵国使者身材魁梧、相貌堂堂、气度不凡，完全不像一个使臣。第二天，秦昭王立即下令召见赵国使臣。而化装成赵国使臣的赵武灵王早就飞奔出关了。秦昭王召来曾经出使赵国的大夫们仔细打听，才知道此前交谈的使臣其实就是赵武灵王本人。秦昭王吃惊不已，好几天心神不宁。

退位后的赵武灵王心无旁骛，率兵一心征战沙场，最终将赵国疆土扩大了三倍，赵国国力空前强大。

名篇摘选

　　主父欲窥秦之山川形势，及观秦王之为人，乃诈称赵国使者赵招，赍[1]国书来告立君于秦国。携工数人，一路图[2]其地形；竟入咸阳，来谒[3]秦王。……昭襄王见其应对凿凿[4]，甚相敬重，使者辞出就[5]馆。昭襄王睡至中夜，忽思赵使者形貌魁梧轩伟，不似人臣之相，事有可疑，展转[6]不寐[7]。

——《东周列国志》

【注释】

1. 赍（jī）：持有，携带。2. 图：绘画，描绘。3. 谒（yè）：拜见。4. 凿（záo）：确实，确切。5. 就：前往。6. 展转：翻来覆去。7. 寐（mèi）：睡着。

纵内乱政变

公子章比赵王何年长十岁，体魄健壮，本来也是一个极其出色的太子，只是由于赵武灵王宠爱吴娃才被废了。

赵武灵王废长立幼后，对长子章心怀愧疚。他将公子章封在代地，为安阳君，派齐国失势的贵族田不礼辅助他。田不礼常怂恿公子章造反，让他夺回本应属于自己的王位，也想借此达到自己的政治目的。慢慢地，公子章也有了此心。

太傅李兑对相国肥义说："公子章正值壮年，党徒众多，野心很大。田不礼为人残忍、态度傲慢，知进不知退,倘若这两人一拍即合,赵国的祸乱怕是不会太久了。您执掌大权,到时必定首当其冲。还不如趁早称病不出,把朝政移交给公子成以避祸。"

肥义断然拒绝说:"那不行。主父将赵王托付给我,我就要履行自己的诺言,又怎么能只顾着保全自身呢?"

劝阻不成,李兑只好哭着说:"我恐怕明年就见不到您了啊。"之后,李兑又多次去见手握军权的公子成,告知应防备田不礼作乱。

肥义也做了一些防备。他对手下说:"现在公子章和田不礼非常令人忧虑,恐怕他们的野心将要危害国家。有盗贼出入,不可不防。从今以后,所有觐见赵王的人,都先由我把关,没有问题的话再请君王接见。"

可是,自号"主父"的赵武灵王却在纵容着内乱隐患。他非常怜悯长子,令其衣食住行方面几乎和自己相同。这一举动,让赵国许多大臣感到了不一样的风向。为了政治前途,一些不得志的大臣又纷纷与公子章暗中勾结。

赵何心胸宽广、善于纳谏,也赢得了许多大臣的拥护和支持。短短几年时间,赵何已经得到历练,快

赵武灵王：胡服骑射扩疆土，舐犊情深困沙宫

速成长。群臣前来朝拜，赵何主持大局，赵武灵王则在旁暗中观察一帮群臣和王室宗亲。看到长子赵章屈身在弟弟面前称臣，赵武灵王心里很不是滋味。

此时吴娃已经去世多年。手心手背都是肉，为了平衡这两个儿子，赵武灵王打算重新扶植被废的太子，把赵国一分为二，让赵何当赵王，赵章当代王。

赵武灵王把立公子章为代王的想法告知了肥义，却遭到了肥义的坚决反对。眼见自己的父亲反复无常，赵何与肥义商议了对策，加强了防备。

公子章和田不礼得知讨封不成一事，十分怨恨赵何和肥义。得了父亲的默许，公子章决定采取行动。

名篇摘选

骑射胡服捍北疆，英雄不愧武灵王。
邯郸歌舞终消歇，河曲风光旧莽苍。
……

——翦伯赞《登大青山访赵长城遗址》

饿死沙丘宫

在肥义等人的部署下,国都防备严密。赵武灵王的调兵之权也受到严格的控制。赵何更是只在听政的时候才得一见。这种情况下,公子章和田不礼难以下手。

行事一向果断的赵武灵王,很快以在沙丘选看墓地为名,让赵王何和公子章随行。赵何无法推托,只得在肥义的陪同下前往。沙丘这个地方有两处宫殿,相距五六里。赵武灵王和赵何各居一处,公子章的馆舍在他们中间。

田不礼对公子章说:"君王出游在外,所带的军士数量有限,咱们假传主父之命召见赵王,然后在路上埋伏好人马,乘机杀掉赵王,就可自立为君了。只要说是主父的命令,谁敢违抗?"

于是,他们派遣一个心腹,假装成主父的使者,连夜赶到赵王的宫殿通报:"主父突发急病,要面见君王,请急速前往。"

肥义得知此事,说:"主父身体一向健壮,从来不曾生病,此事可疑。"他对赵何说:"我先行去拜见主父,如果消息属实,您再过去。"同时,他事先安排好使者，一旦自己未及时归来，说明发生事变，令其立即通知公子成和李兑来保护赵王。

于是，肥义和使者先行，走到半路，伏兵以为是赵王来了，群起而杀之。肥义忠诚护主，以生命的代价践行了自己的誓言。

见被杀的是肥义，情知事泄，公子章和田不礼立即率众攻打赵王的宫殿。双方一直对决到天亮。危急时刻，宫外又有两队人马杀了过来。原来是公子成和李兑从国都赶到，调集了四邑的军队前来镇压这场叛乱。

公子章战败，逃到父亲赵武灵王的住处。赵武灵王看到长子无处可逃，实在不忍心，就开宫门收留了他。公子成和李兑带军随即赶来，包围了赵武灵王的宫殿，对赵武灵王说："公子章叛乱，请您交出他吧。"

李兑和公子成再三请求，赵武灵王都不同意。二人只好带兵强行入宫搜索，诛杀了公子章及其随从。

眼见儿子被杀，赵武灵王痛哭不已。这是一位父亲痛失爱子的哭声，更是一位君王连儿子都护不住的自责。

李兑与公子成商议："主父开门接纳公子章，就是原谅了公子章。我们带兵围攻主父宫殿，强行搜宫杀掉公子章，是违背了主父的心意啊。一旦主父以围宫之事加罪于我们，这可是诛灭九族的大罪。赵王年幼，很难下达赶尽杀绝的命令，以当前之势，我们还是自作主张吧。"

于是，二人横下一条心，下令士兵严守宫门，然后对宫里的人说："先出宫门的免罪，后出的夷灭三族！"宫里的太监、宫女等闻讯，争先恐后尽皆出宫。赵武灵王欲拼一死，但公子成等人只围不战。最终，赵武灵王孤身一人被困宫内。

他叫人，没有一人敢应答；他打算出宫，宫门已被锁上。宫内本无存粮，不过数日，就没什么可吃的了。无奈之下，只好渴了喝雨水，饿了剥树皮、掏鸟窝，却也难以长久。就这样，英明神武的赵武灵王被活活饿死在沙丘之宫里。

公子成等人前后围困宫殿长达三个月之久。在确定赵武灵王肯定已死之后，他们才打开宫门，为之收尸。

由于没有处理好继承人的问题，一世英雄下场可悲，结局可叹！其谥号"武"（威强敌德曰武）和"灵"（乱而不损曰灵）并列，可以说比较好地概括了他的一生。

赵武灵王：胡服骑射扩疆土，舐犊情深困沙宫

课后设计

【左图右史】

赵武灵王变法图强，推行"胡服骑射"，把中原人宽领口、肥袖口、宽腰身、大下摆的服装，改为少数民族的窄袖短袄、革带皮靴，你能把这两种装束画在下面吗？

| 汉人装束 | 胡人服饰 |

【延伸阅读】

梁启超评赵武灵王

首倡"史学革命"的梁启超先生，于1903年发表《黄帝以后的第一伟人——赵武灵王传》一文，认为在华夏民族与外族竞争的历史上，取得对北方游牧民族战争胜利的伟人，唯赵武灵王、秦始皇、汉武帝以及南北朝的宋武帝（刘裕）。而最值得后代子孙骄傲的，就是赵

武灵王。

中原七国，有三国与北方少数民族接壤，那就是燕国、赵国、秦国。此三国都修建了长城以为防备，自此汉匈有不两立之势。

要想获得对外竞争的胜利，必须举全国之力。秦国有孝公、商鞅，赵国有武灵王、肥义；秦国的主力在臣子，赵国的动力在君王；商鞅是秦国的俾斯麦（德国著名铁血宰相），武灵王是赵国的彼得大帝（俄国力主改革的沙皇）。

改革的艰难，有目共睹，因为好处在后世，愚蠢的人看不到，智慧的人心存疑虑。除非智勇双全之人，否则一定功亏一篑。从赵武灵王与公子成的对话里可以看到，赵武灵王对局势洞若观火：推行胡服骑射，目的是骑射，手段是胡服。

推行变法的时候，舆论反对，商鞅用武力镇压；改穿胡服的时候，舆论反对，赵武灵王以理服人。改革要从亲贵开始，商鞅对太子老

赵武灵王：胡服骑射扩疆土，舐犊情深困沙宫

师施以劓刑，武灵王耐心说服公子成。二人所处地位不同，武灵王的手段更高一筹。

赵武灵王以其雄才大略攻坚克难，强推改革。胡服骑射的推行，不仅使华夏民族建立起能够同匈奴相抗衡的骑兵，在社会上也培养起彪悍骁勇的尚武风气。十年时间，他四方征讨，灭中山，讨林胡、楼烦，使赵国一跃成为北方霸主，扬威大漠，其功业为后世蒙恬、卫青所不能及。

可叹的是，这样所向披靡的一代英主，却最终困死沙丘。梁启超曾设想，如果主父能尽享天年，则统一大业，将不在秦而在赵。

赵国推行胡服骑射的巨大成功，也刺激着列国发展骑兵这一全新兵种，中国军事史进入骑兵起决定作用的新时代。在随后的统一战争中，"秦之畏害天下者莫如赵"，曾持续四十年主攻赵国，最终依仗在养马业和弓弩制造方面的优势，扫六合而一统天下。

廉颇：凭谁问，廉颇老矣，尚能饭否？

人物小档案

姓名：廉颇

生卒年：不详

国别：赵国

职位：名将，上卿，代理国相

特点：作战英勇，老当益壮

人生历程：因功封为上卿—负荆请罪—固守长平—打败燕国—抱憾他乡

故事出处：《史记·廉颇蔺相如列传》《东周列国志》

他,攻城野战,驰骋沙场,为将四十年;
他,负荆请罪,将相和睦,与之生死与共;
他,固守长平,破燕拜相,救国于危亡;
他,壮志未酬,暮年凄凉,客死在他乡。
凭谁问,廉颇老矣,尚能饭否?!

崭露头角

赵武灵王锐意改革,推行胡服骑射,大大提升了赵国军队的作战实力。也正因为此,在战国诸雄中,赵国名将扎堆。名震天下的"战国四大名将",赵国就占了两个,一个是素以勇气闻名的廉颇,另一个是为赵国抵御匈奴的李牧。

在赵武灵王退位自称"主父"的时期,廉颇只是一个中下层军官。

赵惠文王即位之初,齐国与秦国各为东西方强国。秦国与赵国一河之隔,欲东出扩大势力,赵国首当其冲。为扫除障碍,秦王曾多次派兵进攻赵国。

后秦昭王欲自立为帝,又恐齐国反对,于是便提出尊齐湣王为东帝,自立为西帝,并约定五国伐赵,瓜分赵国。对此，燕昭王恐赵国灭亡后，齐国的下一个目标会是燕国，于是便让苏秦阻止这次军事行动。

于是，苏秦和乐毅发起了五国联军合纵攻齐的计划。赵国自然积极加入，以此削弱齐国。赵惠文王于十四年开始亲政，亲政的第一件大事就是会晤秦昭王，商讨一起攻齐。第二年，燕昭王再次入赵，商量一起攻伐齐国之事。

在五国伐齐之前，赵国就把相国大印授给了乐毅。乐毅最终带领燕、秦、韩、赵、魏五国大军大败齐兵，齐国遭到重创。在此之后，秦国、韩国、魏国都将兵力撤回，赵国则继续在齐国攻城略地。

赵惠文王十六年，廉颇继续带兵长驱深入，攻取了齐国的阳晋，立了大功。廉颇一战成名，春风得意，被封为上卿，勇猛之名传遍诸侯，从此成为赵国有名的大将。

价值连城

听说赵惠文王得了楚国的和氏璧，秦昭王就写了一封信给赵王，表示愿意用十五座城来交换。

赵王召集大将军廉颇及诸多大臣商议:要是给呢,恐怕上当受骗,毕竟张仪欺楚、楚怀王被扣就是前车之鉴;要是不给呢,又怕秦军马上来攻打。

当众人一筹莫展之际,赵王身边一个叫缪贤的宦官说:"我的门客蔺相如可以替大王出使秦国。"

赵王追问缪贤:"你怎么知道他可以呢?"

缪贤回答说:"我曾经犯下罪过,私下打算逃亡到燕国。蔺相如阻拦我说:'赵国强,燕国弱,您受宠于赵王时,燕王想要和您结交。现在您是赵国的逃犯,燕国惧怕赵国,必定不敢收留您,而且还会把您捆绑起来送回赵国。您不如自首请罪,兴许能被赦免。'于是,我听从了蔺相如的意见,向您请罪,果然获得了您的赦免。所以,我认为蔺相如勇敢机智,也许能解决这个难题。"

赵王立刻召见蔺相如,问他怎么办。

蔺相如说:"秦国请求用城邑换玉璧,赵国如不答应,赵国理亏;赵国给了玉璧而秦国不给城邑,秦国理亏。两相权衡,宁可答应交换,让秦国来承担理亏的责任。"

赵王又问:"派谁出使秦国为好呢?"

蔺相如说:"臣愿意带着和氏璧到秦国去。如果秦王真的拿十五座城邑来换,我就把玉璧交给他;如果他不肯交出十五座城邑,我一定把玉璧完好地带回赵国。"

于是,蔺相如带着和氏璧西行入秦。

成语释义

价值连城:后用以形容物品价值特别高,极其珍贵。

完璧归赵

秦王坐在章台上接见蔺相如,蔺相如双手捧璧献给秦王。秦王非常喜欢,把玉璧传给妻妾和左右侍从看,大家都恭喜秦王得到如此宝物。见秦王绝口不提交付赵国城邑之事,蔺相如走上前去,说:"玉璧上有一处小瑕疵,让我指给大王您看。"秦王就把和氏璧交给了他。

廉颇：凭谁问，廉颇老矣，尚能饭否？

战国时期不同纹饰玉璧

东汉墓葬壁画《完璧归赵》

拿到玉璧后，蔺相如退后几步，身体靠着柱子站定。他怒发冲冠，大声对秦王说："赵王力排众议，斋戒五日，派我捧着和氏璧来到秦国。为什么要这样隆重呢？这是表示对秦国的敬重呀！我看大王您无意交付赵王十五座城邑，所以我又收回了玉璧。大王您如果逼迫我，我的头就同和氏璧一起撞碎在这柱子上！"

蔺相如手持和氏璧，眼睛斜视庭柱，就要往柱子上撞去。秦王怕他真把和氏璧撞碎了，便婉言道歉，叫人拿来地图，把用于交换的十五座城邑指给他看。

蔺相如知道秦王不过是做做样子，根本不可能把城邑割给赵国，于是对秦王说："和氏璧是天下公认的宝物，赵王惧怕贵国，不敢不献出来。赵王送璧之前斋戒了五日，如今大王也应斋戒五日，在殿堂上安排九宾大典，我才敢献上和氏璧。"

秦王于是答应斋戒五日，请蔺相如住在馆舍等待。蔺相如判断，秦王就算同意斋戒，也没有诚意交付城邑，因此一回到馆舍，赶紧派他的随从化装成贫民，怀揣和氏璧从小路先回赵国去了。

秦王斋戒五日后，在殿堂上安排了九宾大典，派人去请蔺相如。蔺相如来到后，对秦王说："秦国从穆公以来的二十几位君主，没有一个信守诺言的。我实在是怕被大王欺骗而有负于赵王，所以已经派人带着和氏璧回到赵国了。如今秦强赵弱，大王先把十五座城邑割给赵国，赵国怎么敢留下和氏璧而得罪大王呢？欺骗大王罪不可赦，我情愿受汤镬之刑！"

秦王和群臣面面相觑。有人要把蔺相如拉下去，被秦王制止了。秦王说："即便杀掉蔺相如，也得不到和氏璧，还会破坏秦赵两国的交情。何必呢？"于是，秦国反而款待了蔺相如一番，客客气气送他回国了。

回国之后，作为功臣，他被封为上大夫。后来，秦国当然没有割让十五城给赵国，和氏璧也就得以留在赵国。

成语释义

怒发冲冠：因怒而头发直竖，把帽子都顶起来了，形容非常愤怒。

渑池之会

对于秦国来说，以城换璧只是试探，随后便开始了对赵国的进攻。

过了两年，秦王派使者通告赵王，想在西河外的渑（miǎn）池进行一次友好的会见。赵王畏惧秦国，不想去。廉颇和蔺相如商议后说："大王如果不去，就显得赵国既软弱又胆小。"赵王只得前往赴会，蔺相如随行。廉颇则带兵护送到边境，与赵王诀别说："大王此行，估计不会超过三十天。如果三十天您还没回来，就请允许我们立太子为王，以断绝秦国的妄想。"

二王相会于渑池，把酒言欢。秦王酒兴正浓，说："寡人听说赵王爱好音乐，请您弹瑟一曲吧！"赵王便弹奏了一曲。哪知，秦国的史官立刻上前，写下："某年某月某日，秦王与赵王一起饮酒，令赵王鼓瑟。"

同为一国之君，地位平等，秦国史官的记载有辱赵王尊严，岂不是让赵国臣服于秦国？

蔺相如立刻上前，说："赵王听说秦王擅长秦地土乐，请秦王击缶，互相娱乐。"说完，蔺相如递上盛酒的瓦缶，跪下请秦王演奏。

秦王当然不肯击缶，于是蔺相如大声威胁道："我和大王相距不过五步，我蔺相如愿与大王同归于尽！"

廉颇：凭谁问，廉颇老矣，尚能饭否？

秦王的侍从们要上前护驾，但蔺相如双眼圆睁、大声喝斥，左右皆不敢轻举妄动。

秦王只好强忍着怒气，敲了一下缶，应付了事。蔺相如赶紧吩咐赵国史官写道："某年某月某日，秦王为赵王击缶。"

眼看没占着便宜，秦国的大臣提议说："请用赵国的十五座城向秦王献寿礼吧。"蔺相如也针锋相对地说："请用秦国的都城咸阳向赵王献寿礼吧。"

就这样，直到酒宴结束，秦王也始终未能压倒赵王。他知道廉颇已经在边境上做好了部署，不敢有什么过分的举动。双方假意和好，约为兄弟之国。

蔺相如以死相逼，护住了赵国的尊严，立下大功。渑池之会后，他被封为上卿，官位在廉颇之上。

将相之和

见蔺相如因渑池之功，位次升至自己之上，直来直去的廉颇特别不高兴。他不服气地说："我是赵国的将军，有攻城野战的大功，而蔺相如只不过靠口舌立了点功，位次却在我之上？况且蔺相如原本只是宦官门下的

瑟(甲骨文为)

缶(甲骨文为㐁)

舍人,出身卑贱,我怎么甘心居于他之下呢?"于是,廉颇公开扬言说:"我若遇见蔺相如,一定要羞辱他!"

蔺相如听到后,就故意避免和廉颇碰面。每到上朝时,蔺相如常常推说有病,不愿和廉颇去争位次。有一次,蔺相如外出,在街上远远望见廉颇的车子,赶忙命令车夫掉头转进小巷,等到廉颇的车子走过后才出来。

见此情形,蔺相如的门客都十分气愤。这天,门客们一起来向蔺相如辞行,他们说:"我们所以离开亲人来侍奉您,就是仰慕您的高义。如今您与廉颇名列上卿,廉颇口出恶言,您却因害怕而躲着他。这样的行为,一般人尚且感到羞耻,何况是身为将相的人呢!我们没有这样的涵养,请求让我们离开。"

廉颇：凭谁问，廉颇老矣，尚能饭否？

蔺相如问："你们认为廉将军和秦王相比谁更厉害？"

大家回答说："廉将军当然比不了秦王。"

蔺相如说："秦王那样有威势，我却敢在朝堂之上呵斥他，羞辱他的群臣。我蔺相如虽然无能，难道会害怕廉将军吗？但是我想到，强大的秦国之所以不敢对赵国用兵，就是因为有我们两人在呀。两虎相斗，势必两败俱伤。秦国人若听说我二人不和，一定会乘机来攻打赵国。我选择忍让，是将国家的危难放在前面，而将个人的私怨搁在后面。"大家听了这一番话，深为折服。

这些话辗转传到了廉颇的耳朵里，廉颇感到非常惭愧。于是，廉颇脱去上衣，露出上身，背着荆鞭，由宾客引领，来到蔺相如的门前请罪。他说："我是个粗野卑贱的人，想不到将军您是如此的宽厚啊！"二人自此捐弃前嫌，从此结为生死与共的好友，后世称为"刎颈之交"。

之后的四年中，赵国三次伐齐、一次伐魏，都取得了胜利。可见蔺相如说得对，将相和睦，是国家之福。

名篇摘选

廉颇曰:"我为赵将,有攻城野战[1]之大功,而蔺相如徒以口舌[2]为劳,而位居我上。且相如素[3]贱人,吾羞,不忍为之下。"宣言曰:"我见相如,必辱之。"……廉颇闻之,肉袒[4]负荆,因[5]宾客至蔺相如门谢罪。曰:"鄙贱之人,不知将军宽之至此也。"卒相与欢,为刎颈之交[6]。

——《史记·廉颇蔺相如列传》

【注释】

1. 野战:在野外打仗。2. 口舌:言语,言辞。3. 素:本,始。4. 肉袒(tǎn):脱去上衣,露出肢体,以示降服或谢罪。5. 因:根据,依照。6. 刎(wěn)颈之交:即生死之交,指同生死共患难的朋友。

廉颇：凭谁问，廉颇老矣，尚能饭否？

长平之战

赵惠文王之子赵孝成王执政时期，韩国原本答应割让上党郡给秦国，后又为转嫁灾祸，将之献与赵国。赵王贪恋土地，接收了上党郡。秦王便派大将王龁（hé）向长平发起进攻，廉颇奉命率军迎战。

经过几次交锋，廉颇很快发现，秦强赵弱，双方对决的话，赵国很是吃亏。他决定坚守营垒不出战，最终拖垮秦军！于是，他开始修筑防御工程，以抵御秦军的攻击。

秦军屡次主动挑战，在阵前大骂，廉颇都置之不理。双方就这样僵持不下，一晃就是三年之久。眼见久攻不下，秦国宰相范雎想出一招反间计。他故意散布谣言，贬低廉颇，对外声称："廉颇老了，不敢应战。秦军根本就不怕他。秦军最害怕的，是马服君的儿子赵括。"

赵括是何许人呢？赵括出身将门世家，自幼学习兵法、博览兵书，谈论起军事来头头是道，理论知识非常丰富。他的父亲叫赵奢，是赵国与廉颇比肩的另一位大将，因功被封为"马服君"。赵括谈论用兵之事时，连赵奢也难不倒他。但是，赵奢却坚决认为：自己的儿子不适合做主将。他对夫人说:"用兵打仗,关乎生死,即便战战兢兢、深思熟虑,依然害怕有闪失,然而赵括却把这些事说得太容易了。他若执掌兵权,容易轻率冒进,致使失败。"

相较于廉颇来说,赵括的确更有年轻人的锐气。眼见廉颇拿不出破敌之策,赵王真的中了反间计,以为廉颇太懦弱,便决定临阵换将,以赵括为将军。

当然,以守待变虽然不费一兵一卒,但这样的僵持对赵国来说也极为不利。赵国土地远不如秦国肥沃,会逐渐面临缺粮等问题。赵王渴望一场痛痛快快的胜利。

此时,蔺相如已经病入膏肓。他不惜抱着病躯上朝,劝谏赵王说:"赵括只会纸上谈兵,没有什么实战经验,不懂得灵活应变,不能任为主将啊。"

赵王不加理会,他问赵括:"你能为寡人击退秦军吗?"赵括自信地说:"如果秦国派武安君白起为将,臣还需要费心谋划一番。白起战必胜、攻必取,威名远扬,我与他对垒,胜负一半对一半。现在秦国的主将是新人王龁,他也就是欺负廉颇怯懦,如果遇到我,打败他就像秋风扫落叶一般容易啊。"

赵王大喜,拜赵括为上将军,让他去前线替代廉颇,

廉颇：凭谁问，廉颇老矣，尚能饭否？

又给他增兵二十万人。苦守长平三年的廉颇被换下，只带了几百名亲兵回到都城，以前的门客都离开了。

临危受命的赵括到达长平前线后，改坚守不出为主动出击。他对廉颇所定的规章制度和任用人员都进行了更换。赵括下令：秦兵来进攻，你们要奋勇当先，如果得胜，就要乘胜追击，务必全歼敌军！

第一次出战，赵括以一万人对抗秦兵三千人，大获全胜。尝到甜头的赵括不禁手舞足蹈，下令犒劳三军，传令一定要生擒对方主将，让各国诸侯见识赵国的实力。

哪知范雎知道赵括已经接替了廉颇，也秘密派了白起来指挥长平之战。老将白起故意假装战败，接连撤军，求胜心切的赵括紧追不舍，却发现自己陷入了秦兵早已设好的包围圈。突围不得，他只得筑起堡垒固守，派人向赵王求援。

这边，秦王也得到白起的战报，要求坚决阻截赵国的援军。秦王亲自到达河内郡，征调十五岁以上男丁当兵，举全国之力增援长平！那边，赵国前来救援的军队，一拨儿一拨儿被消灭。赵军的粮草和援军之路全部被切断，四十多天后，赵军士气大减，快要坚持不住了。赵括只好兵分四路，率军突围。最终，赵

讲给孩子的历史人物故事·战国人物

括战死，四十多万赵军纷纷投降。白起几乎没多犹豫，下令将投降的赵国士兵全部坑杀，只放走了二百四十名年龄尚小的。前前后后，赵国在长平一战中损失了四十五万人！从此，六国之中再无能与秦国抗衡之国。

战败的消息传回国都，赵国上下一片惊恐。一时间，子哭父、父哭子、兄哭弟、弟哭兄、祖哭孙、妻哭夫，号哭之声不断。

不久，赵王再次任命被换下的廉颇为将。第二年，秦军包围了赵国都城邯郸，廉颇奉命统军防守。廉颇将国都防卫得滴水不漏，还不时派出敢死队或精锐骑兵去偷袭秦军，给对方制造了不少的麻烦。秦国接连发起了四次攻击，在廉颇和平原君等人的指挥下，赵军依然有条不紊、士气高昂。

就这样，邯郸城坚守了近两年的时间，后在楚国、魏国等援军的帮助下，终于得以解围。

破燕封君

邯郸解围之后五年，燕国派六十万大军攻打赵国。小小的燕国怎么都欺负到赵国的头上了？

廉颇：凭谁问，廉颇老矣，尚能饭否？

原来，此时燕国刚刚拿下辽东，开拓了千里土地，实力大增。燕王派栗腹出使赵国，栗腹回报说："赵国刚刚经历了长平之战，青壮兵丁全都死了，他们的遗孤尚未成人。赵国的相国平原君刚已去世，将军廉颇已经年老，现在正是发兵攻赵的好时机。如果出其不意，兵分两路，定能灭赵！"

于是，燕王下定决心，倾全国之兵力，派出兵车两千乘、兵丁六十万，兵分两路，雄赳赳气昂昂开往赵国，意欲踏平赵土，再立新功。

可是，他们忘记了，赵国虽然元气大伤，但还有老将廉颇坐镇呢。

正如栗腹所说，赵国能够出动的军队，只有区区数万人，以这样的兵力是绝对无法抗衡六十万燕军的。赵王下诏全国范围征兵，男子凡十五岁以上，都必须应征入伍。最终，赵国募集了十三万军队，其中不少人都是新兵。

廉颇奉命指挥，将十三万军队分为两支。廉颇统兵八万，迎战兵锋直指邯郸、由栗腹所率的四十万燕军；另一支由李牧统领，迎战取道赵国代郡、由将军卿秦所率的二十万燕军。

讲给孩子的历史人物故事·战国人物

在鄗地，燕、赵两军相遇。八万赵军遭遇四十万燕军，可以说形势十分严峻。廉颇将军中精壮之士都隐藏起来，只用老弱之兵安营扎寨。栗腹得到情报后，高兴地说："我早就知道赵国的军队不堪一击。"廉颇采用诱敌深入策略，先派出几千疲惫不堪的士卒去挑战燕军，没几回合就诈败而逃。栗腹虽然用兵稳健，但最终中了计，被廉颇活捉。燕军副将乐乘听说主将栗腹被杀，燕军四散逃亡，就投降了赵国。

此时，李牧率兵在代郡也取得了胜利。廉颇率军长驱直入，包围了燕国都城。直到燕王割让五座城，赵军才答应停战。经此一役，燕国国力急转直下。廉颇和李牧以十三万对六十万，创造了以少胜多的辉煌。

班师之后，廉颇厥功至伟，受封为信平君，出任代理相国。六年之后，赵国又派廉颇带兵进攻魏国，拿下繁阳城！

有廉颇这样的猛将在，赵国的实力依然强悍。

客死他乡

赵孝成王去世后，赵悼襄王即位。新赵王听信奸廉颇:凭谁问,廉颇老矣,尚能饭否?

臣郭开的谗言,用乐乘取代了廉颇。廉颇大怒说:"从辅佐惠文王起,我做将领已经四十多年了,从没有大的失误。乐乘是什么人,他凭什么来取代我?"一怒之下,廉颇率军攻打乐乘,把乐乘赶了回去。事后,廉颇怕赵王治罪,逃到了魏国。

只是,魏王并不敢完全信任廉颇,背井离乡的廉颇也很想再回赵国。失去了廉颇,赵国屡次遭到秦兵的围困。

赵悼襄王有些后悔,想重新起用廉颇,于是派了一个使臣带着铠甲和宝马,去魏国探望廉颇,看看他身体如何,还能不能领军作战。

使臣到来后,廉颇问道:"秦兵是不是进攻赵国了?"使臣吃惊地问:"将军是怎么料到的?"廉颇说:"我在魏国几年了,赵王从没派人来看过我,今天忽然送我铠甲和宝马,一定是有用我的地方。"使臣问:"将军不恨赵王吗?"廉颇说:"我日夜思念着赵国,哪敢怨恨赵王呢?"

于是,当着使臣的面儿,廉颇一顿饭吃了一斗米、十斤肉,又披甲上马,纵马奔驰,表示自己老当益壮,仍可为将。

可惜，这位使臣收受了郭开的重金贿赂，所以他向赵王报告说："廉将军虽然已老，饭量还很不错，可是他陪我坐了不一会儿，就去上了三次厕所（三遗矢）。"赵王听后，认为廉颇终究还是老了，没有召他回国。使者的谗言，再次断送了廉颇报效赵国的机会。

后来，楚国人听说廉颇在魏国，暗中派人去接他。廉颇虽然做了楚国的将军，却一直郁郁寡欢，也没有一星半点儿战功。他说："我终究是想指挥赵国的士兵啊。"

落寞的廉颇，最终客死他乡。

廉颇死后不久，赵国便被秦国所灭。难怪后人感叹道：有良将而不用，赵废廉颇而亡。南宋人辛弃疾也在《永遇乐·京口北固亭怀古》中感叹道："凭谁问：廉颇老矣，尚能饭否？"

成语释义

一饭三遗矢：后用来形容年老体弱或年老无用的人。

廉颇：凭谁问，廉颇老矣，尚能饭否？

课后设计

【延伸阅读】

和氏璧的故事

春秋时期，楚国的一个琢玉能手卞和在荆山得到璞玉，便捧着去献给楚厉王。楚厉王命玉工查验，玉工说这只不过是一块石头而已。楚厉王大怒，以欺君之罪对卞和施以刖刑，砍下了他的左脚。

后来楚厉王死去，楚武王即位，不甘心的卞和再次捧着璞玉去进献。同样的事情又发生了。楚武王命玉工查验，玉工仍然说这只是一块石头。楚武王也以欺君之罪对卞和施以刖刑，砍下了他的右脚。

楚武王死后，楚文王即位，卞和抱着璞玉在楚山下痛哭了三天三夜，眼泪流尽，继而流血。楚文王得知后派人去问他："天下被施刖刑的人那么多，为什么独有你哭得如此悲伤呢？"

卞和说:"我并非为失去双脚而悲伤,而是痛心有人把宝玉看成石头,把坚贞之士当作欺君之徒,无罪而受刑辱啊。"于是,楚文王命人剖开这块璞玉,果然得到一块稀世之玉,名之为"和氏之璧"。

【火眼金睛】

下列注音错误的是（　　）

A. 渑（miǎn）池之会

B. 蔺（Lìn）相如

C. 刎（wén）颈之交

D. 肉袒（tǎn）负荆

平原君赵胜：翩翩佳公子，国难展担当

人物小档案

姓名：赵胜，人称"平原君"

生卒年：？—前251年

国别：赵国

家族：赵武灵王之子，赵惠文王之弟

职位：国相

特点：喜养士，能容人，个人能力平庸

人生历程：受封平原君—谏收上党—求援楚魏—散尽家财保卫邯郸

故事出处：《史记·平原君虞卿列传》

翩翩公子赵胜出身赵国王族，是赵武灵王的儿子、赵惠文王的弟弟，出任国相，以养士闻名，被封"平原君"，与信陵君魏无忌、春申君黄歇、孟尝君田文并称"战国四公子"。他，声名显赫，门客多时过千；他，礼贤下士，从谏如流；他，利令智昏，引祸误国；他，挺身而出，解围邯郸。他曾经三次罢相，又三次复位，人生可谓"三落三起"。史书中虽多见目光短浅、能力平庸、利令智昏等负面评价，却无法抹去他的优良品质和丰功伟绩。

美人笑躄（bì）祸端起

话说，赵胜的府宅与民宅相邻。附近住着一个残疾人，腿脚不利索，走路总是一瘸一拐的。一天，这个跛脚的人出外打水，刚好被赵胜的一个姬妾在楼上看到了。这个姬妾年轻貌美，养尊处优惯了，见跛脚人担着水东倒西歪，肆无忌惮地指着哈哈大笑起来。跛脚人觉得受到了侮辱，第二天就找上赵胜的门来讨个说法。

他对赵胜说："我听说那些有识之士不远千里来投

平原君赵胜：翩翩佳公子，国难展担当

奔您，就是因为您以贤士为重，而以姬妾为轻。我身遭不幸，得病致残，可是您的姬妾却在高楼上耻笑我。我希望得到那个嘲笑者的头颅。"平原君觉得跛脚人是一时说气话，就笑着敷衍说："可以。"那个跛脚人离开后，平原君说道："这个家伙，竟然因为这么一点小事，张嘴就要我杀掉我的姬妾，也太过分了吧。"于是，平原君没有履行自己的承诺。

一年以后，赵胜发现自己的门客陆陆续续离开了一多半。他感到很奇怪："我赵胜对待各位先生从来不敢稍有怠慢，为什么这么多人离开呢？"经过查问，一个门客告诉他说："因为您不肯杀掉那个嘲笑跛脚人的姬妾，大家便认为您轻宾客重美色，所以就纷纷离去了。"听闻此言，平原君恍然大悟。他立刻遵守诺言，杀了那个姬妾，提着她的头颅亲自登门向跛脚人道歉。

听说此事以后，原来的门客又陆陆续续地回来了。

不计私怨荐赵奢

一次，赵胜家里一个管事的人拒不交租，被一个收田租的小官吏杀了。当时贵族不交田租，可谓不成文的规矩。这个小官吏，不仅收税收到平原君的头上，而且还处置了平原君府上九个管事的人。这还得了？赵胜听说后非常愤怒，命人将这个不知天高地厚的家伙抓起来处置。

这个小官吏见到平原君后，淡定从容，自报家门，说他姓赵名奢。赵奢对赵胜说："您是赵国身份尊贵的公子，您要是纵容自己的家人不奉公守法，法令就会受损，法令受损国家就会衰弱，国家衰弱了诸侯就要出兵侵犯，诸侯出兵侵犯赵国就会灭亡，那时您还怎么保有这些财富呢？以您的地位和尊贵，奉公守法就会使国家上下和谐，上下和谐了，国家就能强盛，国家强盛了，赵氏的政权就会稳固，而您作为王室宗亲，难道还会被天下人轻视吗？"

赵胜听后觉得很有道理，不仅没有怪罪赵奢，还把他推荐给了赵王。赵王任用他管理全国的赋税。赵奢很好地履行了自己的职责，执法公平合理，于是国库充足，民众信服。后来秦国讨伐赵国，赵奢临危受命，统率军队成功退敌，被封为"马服君"。

赵胜虽然总在犯错，但也能听进他人的意见，及时改正,也很会用人,因此门下宾客最多时达到几千人。

勇救魏齐守信义

赵胜收到秦昭王的一封书信,上面写道:"寡人久闻您为人高尚,希望和您交个朋友,劳驾您来访小住,愿同您开怀畅饮十日。"赵弱秦强,秦王相邀,赵胜不敢拒绝,只好硬着头皮前往。

来到秦国后,秦昭王待赵胜为上宾,连续陪着宴饮了好几天,才对他说:"从前周文王得到吕尚尊他为太公,齐桓公得到管夷吾尊他为仲父,如今寡人得到范雎为相国,也把他当作我的叔父。范先生在魏国的时候,与宰相魏齐有不共戴天之仇。我听说如今魏齐藏在您的府上,希望您派人把他的头颅取来,不然的话,寡人就不让您出函谷关啦。"

原来秦王邀请赵胜入秦,名为邀请,实为绑架,是要用他的性命换魏齐的人头,给范雎报仇。

赵胜向来很讲义气,他对秦王说:"魏齐不在我家。他是我的朋友,即使他在我家,我也决不会把他交出来。"

看到赵胜态度如此坚决，秦昭王只好改变招数。他给赵王写了一封信，要赵王火速交出魏齐的脑袋，否则将举兵攻打赵国，而且绝不会放平原君回国。

赵王胆小怕事，派兵包围了平原君的宅邸，要搜捕魏齐。危急之中，魏齐连夜逃出，跑到另一位好友虞卿的府上。虞卿是赵国的国相，情知一则不能出卖朋友，二则也无法说服赵王，就解下自己的相印，跟魏齐一起逃出了赵国。二人思来想去，各个诸侯国也没有可以投靠的人，就又奔回魏国大梁。

二人想去投靠魏国的信陵君，但信陵君也因为害怕秦国，犹豫着不肯接见他们。信陵君向周围的人询问："虞卿这个人怎么样？"门客侯嬴说："当年虞卿脚踏草鞋，肩搭雨伞，远行而到赵国。第一次见赵王，赵王赐给他白璧一对、黄金百两；第二次见赵王，赵王任命他为上卿；第三次见赵王，他成为相国，被封为万户侯。那个时候，天下人都争着了解虞卿的为人。魏齐走投无路时投奔了虞卿，虞卿不顾自己的高官厚禄，解下相印，抛弃万户侯的爵位与魏齐一同逃走。这样急他人之所急而来投奔您的人，您觉得怎么样？"

听了这番话，信陵君深感惭愧，立刻驱车到郊外

平原君赵胜：翩翩佳公子，国难展担当

去迎接他们。可是，半路上听说信陵君一开始不想管自己的事，高傲的魏齐终究不肯接受信陵君的帮助，一怒之下选择了自刎。

赵王得知魏齐自杀身亡，赶紧派人将他的脑袋送到秦国。平原君这才得以回国。

利令智昏收上党

几年后，秦国派大将白起率军攻打韩国，截断了韩国的上党之地与都城之间的交通。秦国已经在名义上吞并了上党，韩王也决定割让上党之地给秦国。但是，上党郡郡守冯亭却不想坐以待毙，他私自做主，将上党之地十七城献给赵国。

赵王拿不定主意，找人商议。赵王先问平阳君赵豹，赵豹提醒他说："秦国攻打韩国，就是为了得到上党之地。冯亭之所以把上党主动送给赵国，实质上是想嫁祸于人。强大的秦国天天在打上党的主意，弱小的赵国却坐收其利，这不是惹祸上身嘛！"

赵王不甘心，又去问平原君赵胜。赵胜说："百万之军出兵一年，也未必能攻打下一个城池。现在不费一兵一卒就可以获得十七城池，这笔飞来横财当然要照单全收啊。"

经过一番争论，赵王贪恋土地，决定接收上党。司马迁评价赵胜此举为"利令智昏"。

于是，赵胜奉赵王之命前去办理交接。赵胜代表赵王发布封赏政策：以万户之地封赏郡守，以千户之地封赏县令，令世代为侯，大小官员全都加官晋爵。冯亭却非常伤心，哭泣不已，坚决不见平原君。他说："我做了三件错事。一是为国守城不能以死尽忠；二是韩王把上党之地割让给秦国，我不听命令，背叛国君；三是出卖国家的土地，为自己换来荣华富贵。我不忍心受封啊。"

接着，赵国派老将廉颇发兵接收上党之地，驻守在长平。果不其然，赵国此举惹恼了秦国，秦王派将领王龁率军进攻赵国。面对攻势甚猛的秦兵，廉颇苦守了三年，结果被反间计中伤，赵王用赵括换下廉颇，秦国随后也换上了白起。长平之战，赵军惨败，损失约四十五万人，元气大伤。冯亭也在此役当中战死。

白起随后乘胜率军围攻赵国国都邯郸，赵国一度危如累卵。

平原君赵胜：翩翩佳公子，国难展担当

毛遂自荐说楚王

赵国面临生死存亡的危机时刻，赵王派遣赵胜为使者去楚国求援，希望由楚国领头订立合纵联盟，一同抗秦。

赵胜知道，这次外交活动注定是一次艰难的任务。当时的秦赵两国已经势不两立，如果楚王决定派兵援助赵国，楚国就必然会卷入这场无法预测结局的战争。

为了能更好地完成这一使命，出发前，赵胜决定挑选有勇有谋的二十人一同前往。赵胜的态度很坚决："如果用游说、谈判等和平的手段能行最好，如果不行，我就算血溅当场，也一定要完成任务再回来。不必从外面寻找人才，就从门下的食客当中选拔就够了。"

可是，由于选拔的标准比较严格，在门下选来选去，只挑出十九人。怎么办呢？

这时候，门客中有个叫毛遂的人，径自走到前面来，向赵胜自我推荐说："我听说您要到楚国去游说楚王，想从门客中挑选二十人一同前去，现在还少一个人，您就让我一起去吧。"

赵胜问他："先生在我的门下有几年啦？"

毛遂回答道："三年了。"

赵胜摇头说:"有才能的贤士生活在世上,就如同锥子放在口袋里,它的锋尖立即会显露出来。如今先生到我的门下已三年,左右之人从未称赞过你,我也从来没听说过你,这必定是因为先生没有什么专长啊。您还是留下来吧。"

毛遂说:"我今天就是请求您将我放在口袋里。假使早给我放在口袋里的机会,我早就脱颖而出了,岂止露出锋尖而已?"

赵胜半信半疑,答应了毛遂的请求,让他一同前去。毛遂自荐时,其他十九人就在旁边。当毛遂被确定为第二十个人选时,他们用眼神嘲笑着,觉得毛遂不自量力、自讨苦吃。

毛遂视而不见,他终于被平原君放进了口袋,很快就会露出自己的锋芒。

成语释义

脱颖而出:锋芒全部露出,后用以比喻人

平原君赵胜：翩翩佳公子，国难展担当

毛遂自荐

的才能全部显示出来。颖，据旧注，指锥子把儿上的环。

求助楚魏共拒秦

之后一起谈论时，毛遂谈锋犀利，满腹经纶，令十九个人为之折服。一行人到达楚国后，平原君即与楚王两人在殿上谈判订立合纵盟约的事，再三陈述利害关系，从早晨谈到中午，却没有任何结果。一众门客被留在下面，焦灼不安，推举毛遂上场。

于是,毛遂仗剑拾阶而上,大声地说:"合纵之计,两言可决。为何从早晨谈到中午,还是犹豫不决?"楚王见毛遂擅自登堂,就问平原君:"这是什么人?"平原君回答说:"这是我的门客。"楚王厉声呵斥道:"还不退下!我跟你的主人商谈,你来掺和什么!"毛遂毫不畏惧,持剑上前说:"大王敢呵斥我,不过是依仗楚国人多势众。现在我与你相距不过十步,大王无法再依仗人多的优势,你的性命在我的手中!我的主人就在这里,你为什么当着他的面这样呵斥我?"

楚王见毛遂如此英勇,没有再呵斥他。毛遂接着说道:"商汤凭着七十里地统治了天下,周文王凭着百里之地收服了诸侯,难道是因为他们的兵卒多吗?那是因为他们善于把握形势而全力发挥自己的威势。如今楚国领土方圆达五千里,士兵上百万,这是争霸天下的资本啊。楚国虽地广兵多,却被白起那小子一战攻克鄢城、郢都,二战烧毁夷陵,三战侮辱大王的先祖。所以,楚国比赵国更需要订立合纵盟约啊。"

听了毛遂这番游说,楚王立即改变了态度,说:"是,是,的确像先生所说的那样,我一定竭尽全力履行合纵盟约。"毛遂顺势逼问道:"那么,这事算是定

平原君赵胜：翩翩佳公子，国难展担当

下来了？"楚王回答说："定下来了。"毛遂对楚王的左右近臣说："取牲畜之血来，立刻歃血为盟。"于是，楚国和赵国订立了合纵之约，楚王承诺派兵援赵。

平原君不胜感慨地说："我不敢再对士人妄加评判了。我评判过的士人，多说上千，少说几百，自认为不会遗漏天下的贤能之士，现在竟然把毛先生给漏掉了。毛先生一到楚国，就使赵国的威望高于了九鼎和大吕。毛先生的三寸之舌，威力强于百万大军啊。"这也就是"一言九鼎""三寸之舌"的由来。此后，平原君就把毛遂尊为上客。

平原君的夫人是魏国公子信陵君的姐姐，因此平原君也屡次送信给魏王和信陵君，请求魏国的援助。魏王原本派遣将军晋鄙率十万大军去救援赵国，但收到秦王的警告后，因惧怕秦国，命令军队驻扎在边境，不进不退，以观形势。

平原君不断派使臣前去魏国，催促出兵救赵，并给信陵君施压。他埋怨信陵君说："我赵胜自愿结为姻亲，是因为公子您品德高尚，能够解救别人的困难。如今邯郸很快就要被秦兵攻破，然而魏国却迟迟不发救兵，哪里看得出公子乐于助人呢？公子看不起我赵胜，抛弃我不管，让我投降秦国，难道就不顾及你的姐姐吗？"

信陵君十分忧虑此事，屡次劝说魏王救赵，都不成功。最终，信陵君决定凭借虎符假传魏王的命令，代替晋鄙领军。

名篇摘选

平原君已定从而归，归至于赵，曰："……毛先生一至楚，而使赵重于九鼎[1]大吕[2]。毛先生以三寸之舌[3]，强于百万之师。胜不敢复相[4]士。"遂以为上客。

——《史记·平原君虞卿列传》

【注释】

1. 九鼎：相传夏禹用九州的青铜铸成九个鼎，夏商周三代奉为国家政权的象征，后比喻分量很重。2. 大吕：钟名，音协大吕之律。3. 三寸之舌：指能言善辩的口才。4. 相（xiàng）：省视，查看。

平原君赵胜：翩翩佳公子，国难展担当

倾尽家产救邯郸

得知楚国、魏国前来援助的军队还未到，秦国抓住时机加紧围攻邯郸。形势十分紧急，邯郸告急，赵国都快准备投降了。搬得救兵的平原君极为焦虑，想必早已悔恨当初提议接收上党之地吧。

这时，又一个小人物走到平原君的面前，也走上了历史的舞台。

这个人叫李谈（《史记》上作"李同"），父亲是邯郸管理传舍的小吏。李谈闯进相府，来找平原君，问："您不担忧赵国会灭亡吗？"

"赵国灭亡了，我就要做俘虏，为什么不担忧呢？"

"国都被围攻，邯郸的百姓衣不蔽体、食不果腹，已经到了折骨而炊、易子而食的地步了，可是您家里照旧姬妾、侍从成群，享受着华美的服装、精美的饭食。兵器用尽，老百姓已开始削木为剑，您家里却金银财宝无数。如果邯郸城被攻破，您还怎么守得住这些？假使赵国得以保全，您又何愁没有这些呢？"

平原君觉得有些道理，赶紧请李谈赐教。

"您何不将夫人以下的所有仆役、侍女都编到士兵队伍中，一起去帮助守城？把家里所有的财物全都施舍给士兵、民众。如今国难当头，散财济人，与民同难，大家就会感恩戴德，齐心拒敌。"

平原君采纳了李谈的意见，倾尽家产招募了包括李谈在内的三千敢死之士以拒秦，并且把夫人以下的家臣都编到守城的队伍中去从事后勤保障工作。这一举动让援军到来前想要投降的赵国再次迸发出死守到底的决心。这也是平原君生平最为出彩的事迹。李谈率领这三千猛士，以视死如归之气势，一下子将秦军击退了三十里地。这给邯郸赢得了宝贵的等待救援的时间。楚国春申君和魏国信陵君带领的援军随即赶到，秦军被迫撤兵，邯郸得以解围。李谈不幸阵亡，他的父亲被追赐封为李侯。

邯郸解围后，赵国上卿虞卿为平原君的功劳请求封赏。平原君的门客公孙龙听说以后，连夜来见赵胜，对他说："您万万不可接受封赏啊。您成为赵国的相国，是因为您的才智过人吗？您受封为平原君，是因为您功劳卓著吗？都不是，是因为您是王室的宗亲啊。您不能无功的时候以宗亲的身份接受封赏，有功的时候又按照普通人来接受封赏啊。虞卿提议封赏您，事

平原君赵胜：翩翩佳公子，国难展担当

成，就能随时找您要报酬，事不成，也能在您这里落个好名声呢。"

于是，平原君明智地拒绝了虞卿提议的封赏。

课后设计

【成语典故】

1. 下列短句中蕴藏着流传千年的经典成语，请从右侧挑出相应的字，填写在横线上。

美人一笑蹒跚愁 _____
税吏守法国无忧 _____
一言重于九鼎吕 _____
雄兵不及三寸舌 _____

步	守	三	奉
鼎	履	之	法
言	九	蹒	一
蹒	公	舌	寸

2. 除此之外，本篇故事还产生了哪些与毛遂有关的成语？

信陵君魏无忌：侠义真英雄，酒色了残生

人物小档案

姓名：魏无忌，人称"魏公子"，封"信陵君"
生卒年：？—前243年
国别：魏国
职位：上将军
家族：魏昭王少子，魏安王的异母兄弟
特点：礼贤下士，能力出众，两次大败强秦
人生历程：宾客三千—窃符救赵—留赵十年—合纵五国抗秦—晚年耽于酒色
故事出处：《史记·信陵君列传》

信陵君魏无忌：侠义真英雄，酒色了残生

魏无忌自小身在富贵家，父亲是魏国的国君魏昭王。父亲死后，兄长继位，即魏安王。魏无忌被封为信陵君，正式走上历史舞台。在"战国四公子"中，魏无忌因有能力、威望高、成就大位居第一，他坚毅果敢，曾窃符救赵、合纵破秦，是李白所敬仰的大英雄、大侠客。后人有诗这样描述魏公子的一生：

侠义凛古今，威名动鬼神。
一心扶赵魏，百战胜嬴秦。
为国同坚础，悠然思废吟。
英雄无用处，酒色了残生。

的确，由于才华盖世、功高震主，信陵君受到魏王的猜忌，被迫放弃手中的兵权，晚年耽于酒色，抑郁而终。同年，其兄魏王去世。秦国趁机攻打魏国，接连占领了二十多个城池，魏国已经处在亡国的前夜。

边关烽火惊魏宫

魏国地处"四战之地"，与强大的秦国比邻而居，秦兵多次打到大梁城下，形势不容乐观。

为了挽救魏国，辅佐魏王，信陵君也与平原君、孟尝君等一样，广招门客、礼贤下士。难得的是，不论才能大小，他都以礼相待，从不因自己地位显赫而露出半点骄横的态度，因此贤名远播。方圆数千里的士人都争相来依附，信陵君的门客很快就多达三千。由于信陵君名声在外，门下能人众多，各个诸侯颇为忌惮，长达十余年不敢对魏国用兵。

一天，信陵君正跟兄长魏王下棋，不想北方边境点燃烽火，传来警报，告知赵王即将率兵进入边境！魏王十分惊恐，立即放下手中的棋子，传令召集大臣商议对策。信陵君不慌不忙地劝阻魏王说："大王放心，赵王只是出来打猎罢了，不是出兵魏国。"说着拉魏王坐下，要接着下棋，如同什么事都没发生一样。魏王将信将疑，仍然惶恐不安，完全没有心思下棋。

过了一会儿，北边又传来消息：警报解除！赵王真的只是出来打猎，不是入侵。魏王和众臣这才长舒了一口气，放下心来。惊魂甫定的魏王颇为诧异，便问信陵君："你怎么那么确定赵王此次是巡猎而不是入侵呢？"

信陵君魏无忌：侠义真英雄，酒色了残生

信陵君淡然地回答说："我的门客中有人能探知赵王的动向，赵王有什么行动，我都会收到报告。"

魏王听了惊出一身冷汗：千里之外各诸侯的情况竟能如此快速地了如指掌，更何况近在眼前的魏国和自己呢？魏王意识到，以信陵君如此的才能和势力，很可能对自己的王位构成威胁。

此后，魏王就对信陵君非常忌惮，始终不敢把大权交给他，害怕他凭借出色的才干、贤能的名声、王族的血统、众多的门客取而代之。

名篇摘选

公子为人，仁而下士[1]，士无贤[2]不肖[3]，皆谦而礼[4]交之，不敢以其富贵骄士。士以此方数千里争往归之，致食客三千。当是时，诸侯以公子贤，多客，不敢加兵谋[5]魏十余年。

——《史记·魏公子列传》

【注释】

1. 下士：谦恭地对待贤士。2. 无贤：没有才能。3. 不肖（xiào）：品行不好。4. 礼：以礼相待，表示恭敬。5. 谋：图谋。

结交侯嬴与朱亥

魏国有个隐士叫侯嬴，七十多岁了，家境十分贫寒，在国都大梁的东门守门。信陵君听说后，有意结交，就派人带着厚礼前去拜见。没想到侯嬴不肯接受，他说："草民修身洁行数十年，不会因为我看门贫困就接受公子的财物。"

信陵君听后更加钦佩，特意大摆酒席款待侯嬴。宾客纷纷坐定之后，信陵君亲自驾着豪华的马车，带着随从，虚左以待，到东门去迎接侯嬴。

侯嬴毫不客气，整了整身上破旧的衣衫，径直坐了上去，丝毫没有谦让的意思。信陵君手握缰绳，神色温和，十分恭敬。

信陵君魏无忌：侠义真英雄，酒色了残生

为了考验信陵君是否真心对待自己，侯嬴对信陵君说："我有个朋友在卖肉的集市，劳驾您绕路载我去拜访他。"信陵君立即驾车前往集市。到了集市，侯嬴下车去见他的朋友，站着聊了很久，暗中观察信陵君的反应。信陵君站在马车旁，神色更加温和，没有丝毫着急或者不耐烦的情绪。这个时候，信陵君家里坐满了魏国的公卿将相、王室宗亲，都在等着主人回来举杯开宴。集市上人来人往，大家看到信陵君手握缰绳亲自为看门人驾车，都在议论纷纷。信陵君的随从陪同站在大街上，也在心里大骂侯嬴不识抬举。侯嬴见信陵君面色始终如常，这才告别了朋友，上车去赴宴。

到了府上，信陵君领着侯嬴坐在上座，向所有宾客介绍侯嬴，言辞极为恭敬。这番举动令满堂宾客十分震惊。宴会进行到高潮，信陵君站起身来，走到侯嬴面前，举杯为他祝寿。侯嬴这才对信陵君说："今天我侯嬴也够为难公子了。我只是东门的一个看门人，竟委屈公子亲自驾车，在大庭广众之下来迎接我。为了报答您，我故意绕路拜访朋友，让车马在集市上停留了很久。我做事如此过分，公子态度却谦恭有加，整条街上的人都知道我侯嬴是个不知天高地厚的狂人，而公子是礼贤下士的有德之人。"

此后，侯嬴便成为信陵君的上宾。

侯嬴对信陵君说："我去拜访的朋友朱亥是个很有能耐的人，只是不为世人所知，隐身为屠夫罢了。"于是，信陵君多次去拜访朱亥，朱亥更为狂妄，甚至不按照礼数回拜答谢。

慷慨赴死

长平之战大败赵军后，秦国大将白起乘胜围攻了赵国的国都——邯郸。赵国到了生死存亡的关头。

赵国分三路寻求外援：虞卿东向齐国，平原君带人南下楚国，同时托使者带信到魏国。信陵君的同胞姐姐是平原君的夫人，她多次捎信给魏王和信陵君，请求魏国出兵援助。

魏王有心救援，派将军晋鄙率领十万大军救赵。秦昭王得知这个消息后，派使臣来警告魏王：我早晚会攻下赵国，谁敢救赵，拿下赵国后，我第一个调兵先攻打它。魏王害怕了，下令晋鄙停止进军，把军队驻扎在邺城，名义上是救援赵国，其实是先在一旁观望。

信陵君魏无忌：侠义真英雄，酒色了残生

秦国加紧了攻势，邯郸越发危急。平原君心急如焚，多次派使臣到魏国求援。平原君晓之以理、动之以情，在给信陵君的信中说："公子即使瞧不起我，弃我于不顾，令邯郸惨遭屠戮，难道就不可怜你的姐姐吗？"

信陵君当然也想救赵国。他屡次请求魏王赶快出兵，又让门客想方设法去劝说魏王。但是，魏王害怕秦国，始终不为所动。信陵君急得团团转，心知不可能得到魏王出兵的命令了，于是他下定决心，如果赵国灭亡，自己绝不苟活于世。

他能调动的只有自己的门客，凑集了战车一百多辆，打算带着这支队伍赶赴战场，同秦军决一死战，与邯郸共存亡！

信陵君带着车队从大梁城的东门出，见到守门的侯嬴，就把自己要去跟秦军拼命的决定告诉了他，与他诀别后起程。侯嬴听后，只是说："公子努力吧，恕老臣不能随行了。"告辞之后，信陵君赶了几里路，心里始终不痛快，自言自语道："我对待侯先生也算够周到的，天下无人不知无人不晓。如今我要去赴死，他竟没有一言半语来送我，难道是我有什么失礼的地方吗？"实在想不明白，信陵君掉转车头返回，想问个究竟。

侯嬴笑着对信陵君说："我早就知道您会回来的。"又接着说："公子礼贤下士，名闻天下。如今有了危难，想不出其他办法，而要去和秦军拼命，这就好比把肉投给饥饿的老虎，能有什么用呢？如果只能这样做，还要我们这些门客干什么呢？公子待我情深义重，如今要去赴死，我故意不送行，就知道公子会因心里感到遗憾而折返回来的。"

听闻此言，信陵君想，难道侯嬴是有更好的办法不成？

窃符救赵

信陵君赶紧下车，连拜两拜，向他请教。侯嬴支开旁人，对信陵君说："我听说晋鄙的另一半兵符就放在魏王的寝宫内。如姬最得魏王宠幸，能够自由出入魏王的寝宫，能有机会偷出兵符。前些年，如姬的父亲遭人杀害，她一心要报仇雪恨。魏王也想尽办法为她报仇，但三年没能如愿。为此，如姬曾向公子哭诉。公子听后二话不说，派了一个门客去砍了那个杀人者的头，恭恭敬敬地献给如姬。如姬感激涕零，时刻想

信陵君魏无忌：侠义真英雄，酒色了残生

杜虎兵符

着要报答公子，愿意为公子赴死。如今，公子若是开口请求如姬帮忙，如姬必定答应。一旦拿到兵符，夺得晋鄙的兵权，北边可救赵国，西边能抗秦国，这是春秋五霸的功业啊。"

信陵君依计行事，派人联络如姬。如姬果然爽快答应，且顺利盗出兵符交给信陵君。

拿到了调动大军的兵符,信陵君正准备动身,侯嬴又拦住他,说:"常言道,将在外,君命有所不受,以利于国家。公子到了晋鄙军营,两符相合,验明无误,如果晋鄙仍不交给公子兵权,反而要再请示魏王,那么事情就麻烦了。我的朋友朱亥是个屠夫,力气很大,会跟您一起前往。如果晋鄙同意交出兵权,那是再好不过了;如果他拒不交出,可以让朱亥击杀他。"

信陵君听了这些话,哭了。

侯嬴问:"公子是怕死吗?为什么哭呢?"

信陵君回答说:"晋鄙是魏国大将,久经沙场,威猛强悍。我这一去,他必定不肯听从,想及此,不禁下泪,哪里是贪生怕死呢?"

接着,信陵君转身去集市邀请朱亥。朱亥得知公子来意后,笑着说:"我只是集市中一个拿刀杀猪的屠夫,公子却几次登门问候,礼节甚恭。我之所以不回谢,是因为我认为小礼小节没什么用处。如今公子有了危难,这正是我为公子效命的时候。"于是,朱亥欣然同往。

过东门时,信陵君再向侯嬴辞行。侯嬴说:"我本该与公子一同前往,可是我年纪太大了。请允许老臣留在此地,计算着公子的行程,您到达晋鄙军营的那一天，我会面向北方自我了断，为您送行。"

杀晋鄙，救邯郸

信陵君马不停蹄赶到邺城，拿出兵符假传魏王命令，要求晋鄙交出兵权。晋鄙合了兵符，验证无误，但不免心中起疑，盯着信陵君说："现今我统领十万大军驻扎在边境，这是关系国家命运的重任。今天公子驾着一辆车就来取代我，到底是怎么回事呢？"于是，晋鄙拒绝接受命令。

信陵君只得执行第二方案。他向陪同在侧的朱亥眼神示意，说时迟，那时快，朱亥取出事先藏在衣袖里的大铁锤，趁晋鄙不备，一锤将之击杀。

此时，献出妙计而留守大梁的侯嬴，预计信陵君已经到达邺城，果然面向北方自刎而死。

晋鄙一死，信陵君便接管了十万大军。他向军中下令说："父子都在军中的，父亲回家；兄弟同在军中的，兄长回家；独生而没有兄弟的，回去奉养双亲。"经过整顿，信陵君挑选出精兵八万人，立刻带领这支队伍前去赵国攻击秦军。

魏国、楚国援兵的及时到来，令秦军顿时被动。秦军折兵大半，只得退兵而去。于是，邯郸得救，赵国得保。

赵王和平原君亲自到邯郸郊外迎接信陵君。平原君替信陵君背着箭囊，走在前面引路。赵王一拜再拜说："自古以来，没有一个贤人比得上公子啊。"这时，平原君也不敢再拿自己跟信陵君相比了。

魏王得知信陵君盗出了他的兵符，假传君令击杀晋鄙，带兵前去救赵，十分恼怒，甚至剥夺了他的封地信陵。

因此，在击退秦军、拯救赵国之后，信陵君让他的部将带着军队返回魏国，自己则留在了赵国。赵王感激信陵君的义举，要以五座城邑作为答谢。在门客的建议下，信陵君一直低调谦让，他频频表示：自己有失臣子之义，有罪于魏国，也无功于赵国。后来，赵王把鄗邑赏给了信陵君。

结交毛公和薛公

信陵君听说赵国有两个隐居的贤德之人，明大理，讲大义。两人都是在街市上混的人。一个是毛公,藏身于博戏之徒中;一个是薛公,隐身于卖酒之家。信陵君虽然养有三千门客,还是很想结识这两个人,可是这两个人始终躲避不见。后来,信陵君打听到他们的藏身之处,就步行前往,私下结交,相处甚欢。平原君知道了,就对他的夫人说:"人称夫人的弟弟魏公子天下无双,如今我却听说他成天和赌徒、卖酒的人混在一起,真是徒有虚名啊。"

平原君的夫人把这些话告诉了信陵君。

信陵君听后,对自己的姐姐说:"当初我听说平原君贤德,因此接到求救信,宁愿背叛魏王,窃取兵符,杀死晋鄙,夺取兵权,也要前来救赵,就是为了平原君。现在才知道平原君结交士人,只是聚众显示自己阔绰,不是真心求贤啊。我在大梁的时候,就常常听说这两个人很有才能,到了赵国,唯恐不能见到他们。现在平原君竟然把我跟他们的交往看作耻辱,看来平原君这个人不值得结交。"于是,信陵君整理行装,准备离去。

平原君听到夫人转述这番话后,自感惭愧,赶紧免冠谢罪并坚决挽留。平原君门下的宾客听说了这件事，有一半人离开了平原君，改投信陵君。天下的士人也多来投靠信陵君，门客数量远超平原君。

毛公、薛公二人后来冒死劝说信陵君回到魏国，信陵君得以合纵攻秦并取胜。信陵君与二人的交往成就了自己，也让毛、薛名垂青史。

合纵五国攻秦

信陵君留在赵国，倒也过得很好，十年未归。秦国听说信陵君不在魏国，多次发兵向东进攻魏国。魏王也开始想念信陵君的好。他归还了信陵君的封地，并派使臣去请信陵君回国。信陵君担心魏王仍然怀恨在心，就告诫门下宾客说："有敢替魏王使臣通报的，一律处死。"门下宾客也都是背弃魏国来到赵国的，所以没谁敢劝。

毛公和薛公不是魏国来的，没有那么多顾虑。得知这一情况，他俩一同去见信陵君，对他说："公子之所以在赵国受到尊重，名扬诸侯，是因为您的背后有魏国啊。现在秦国进攻魏国，魏国情况危急而公子置之不理，假使秦国攻破大梁，毁坏宗庙，公子还有什

信陵君魏无忌：侠义真英雄，酒色了残生

么脸面立足于天下呢？"

话还没说完，信陵君的脸色就变了。是啊，比起魏国的存亡来，个人的生死算什么。他随即嘱咐车夫驾车，立即回魏国。

赵王不肯放行，拉着信陵君的胳膊哭泣说："平原君已去世，寡人能依仗的只有公子您了啊。"

信陵君说："无忌不忍祖先宗庙被毁，不得不归。倘若魏国得存，我们还有相见之日。"

回到魏国，见到魏王。别离十年，终得相见，兄弟俩不禁相对落泪。军情紧急，魏王将上将军印授给信陵君，让他统率魏国军队。同时，魏国也向各国派出使者求救。

在信陵君强大的号召力之下，赵、燕、韩、楚各国都调兵遣将救援魏国。信陵君统领五国大军，在黄河以南地区大破秦军，打败了秦将蒙骜，进而一路乘胜追击到函谷关，把秦军压制在函谷关内，再也不敢出来。

经此一役，信陵君更加声震天下。各国门客都向信陵君进献兵法，信陵君将它们结集在一起，称《魏公子兵法》。此书后世《汉书》有收录，但后来又失传了。

抑郁而终

魏国保住了，信陵君却危险了。

秦王嬴政对于信陵君统领的五国军队十分忌惮。蔡泽进谏说："各国之所以能合纵，就是因为信陵君的威望啊。不如与魏国和好，把信陵君请到秦国，杀掉他以绝后患。"于是，秦王写信邀请信陵君到秦国。鉴于平原君、孟尝君的教训，信陵君没有前往。

蔡泽又献计说："当年信陵君窃符救赵，得罪了魏王。如今魏王是迫于形势，不得不召回和重用信陵君。虽然信陵君合纵五国，功劳甚大，但功高震主，魏王岂能没有猜忌？可以派人携重金到魏国行贿，寻找原来晋鄙的门客，让他们散布流言说：'信陵君流亡在外十年，现在担任魏国大将，诸侯国的军队都归他指挥，诸侯们只知道魏国有信陵君，不知道还有个魏王啊。信陵君即将夺权自立。'如此，魏王必定夺走信陵君的兵权。信陵君没有实权，各国间的合纵自然也就瓦解了。"

这一招反间计果然奏效。魏王听信了毁谤信陵君的流言，果然心生猜忌。秦国更是一不做二不休，故意派出一拨一拨的使者，跑到信陵君的府上，为他称

信陵君魏无忌：侠义真英雄，酒色了残生

王提前道贺。魏王迅速找了个理由，收回了信陵君的大将军印，免去了他的兵权。他人无力掌握这五国兵马，合纵破函谷关的计划果然流产。

信陵君知道自己是因王兄的猜忌而被罢免，仕途无望，干脆托病不再上朝。他在家里与宾客们通宵达旦地宴饮，纵情声色，寻欢作乐。四年之后，也许是饮酒无度，也许是抑郁成疾，信陵君的人生遗憾谢幕。门客相继自刎从死者数百人，足见信陵君人品之高洁。

信陵君一死，魏赵同盟便土崩瓦解。秦国趁机派蒙骜进攻魏国，一口气攻占了二十座城邑。魏王不禁感叹：倘若信陵君尚在，不会让秦兵肆无忌惮至如此地步！

此后，虽然魏国和赵国重新交好，重拾平原君和信陵君时期的"合纵"之策，但已经无力回天，秦国逐渐像蚕食桑叶一样侵占魏国领土，十八年之后最终灭掉了魏国。

课后设计

【成语谜语】

小儿戏说信陵君，打一成语：_____

孟尝君田文：若非门下客三千，安得涉险出秦关？

人物小档案

姓名：田文，人称薛公，谥号"孟尝君"
生卒年：？—前279年
国别：齐国
家族：齐威王之孙，靖郭君田婴之子
职位：宰相
特点：门客众多，辅佐齐王
人生历程：广招门客—惊险出秦—出任齐相—冯谖相助—安然终老
故事出处：《史记·孟尝君列传》

孟尝君田文：若非门下客三千，安得涉险出秦关？

他，散尽家财，广招门客；他，鸡鸣狗盗，涉险出关；他，礼贤下士，千金买义；他，狡兔三窟，安然终老。他就是"战国四公子"之一的孟尝君田文。

生于五月五

田文出生于齐国贵族世家，父亲叫田婴，是齐威王的儿子，赐封于薛邑。

田文是田婴的一个小妾所生，出生日正好是农历五月初五。不幸的是，田婴非常迷信，认为这个日子不祥，所以对田文的母亲说："不要养活他。"可是田文的母亲不忍心，偷偷把孩子养了下来。长大后，田文的母亲设法把他引见给了田婴。

田婴见到这个孩子，愤怒地责备自己的小妾："我当初不是让你把这个孩子扔了吗？你竟敢违抗我的命令，把他养大了！"

年幼的田文很有胆识，他郑重地上前向父亲叩头，然后反问道："父亲，您为什么不让母亲养育我？"

田婴如实告知："五月五日这一天出生的孩子，长大了会和正门一样高，会妨害父母。"

田文听后，问道："人的命运是由上天决定的，还是由正门决定的呢？"

田婴一时沉默，不知怎么回答为好。

田文接着说："如果是由上天决定的，您又何必忧虑呢？如果是由正门决定的，担心长得和门一样高，那么只要把门加高不就可以了吗？"

田婴无言以对，只得斥责道："你不要说了！"

此后，田文更多地展示了自己的聪明才智，在父亲四十多个儿子当中逐渐脱颖而出。

一次，田文趁机问他父亲："儿子的儿子叫什么？"

田婴很纳闷，回答道："叫孙子。"

田文接着问："孙子的孙子叫什么？"

田婴说："叫玄孙。"

田文又问："玄孙的孙子叫什么？"

田婴说："那就不知道了。"

田文于是说："父亲您担任齐国宰相，到如今已辅佐三代君王，齐国的领土没有增加，您私家的财富积累已达万金，门下看不到一位贤能之士。您一个劲儿地中饱私囊，只为留给那些连称呼都叫不上来的人，却忘记国家的事业在一天天受到损害。我私下对此觉

孟尝君田文：若非门下客三千，安得涉险出秦关？

得不可理解。"

听了这番话，田婴对这个儿子刮目相看，开始有意栽培他，让他主持家事，接待宾客。田文应对得体，逐渐声名远扬。各诸侯国都派人来请求田婴立田文为继承人。于是，田婴把薛邑这个地方封给了田文，因此田文也被称为薛公，死后谥号"孟尝君"。

善遇众宾客

孟尝君在薛邑大力招揽各诸侯国宾客，即使是犯罪逃亡之人，也丝毫不嫌弃。宁肯舍弃家业，孟尝君也要给宾客们丰厚的待遇，且从不高人一等。

接待宾客的时候，孟尝君总是在屏风后安排侍史记录双方的谈话内容，记载宾客的住处。宾客刚刚离开府上，孟尝君就已派使者携着礼物到他家里慰问去了。

一次，孟尝君招待宾客们吃晚饭。一位宾客却当场勃然大怒，放下碗筷就要离开。为什么呢？原来，由于有人不小心遮住了灯光，这位宾客以为端给自己的饭菜与孟尝君的不同。孟尝君马上站起来，亲自端着自己的饭菜给他看，当然没什么不同。这位宾客深知自己是以小人之心度君子之腹，惭愧得无地自容。

这些事情流传开后，天下的贤士无不倾心来相随。秦昭王即位不久，求贤若渴，听说孟尝君的大名后，派自己的弟弟泾阳君到齐国做人质，请求孟尝君入秦结交。

孟尝君收拾行囊准备赴秦，门下上千宾客都不赞成，却劝不动他。一个宾客来求见，孟尝君故意说："你不用劝我了，我已经决心入秦。人世间的事情我都知道了，你如果真的博学多闻，就给我讲讲鬼神之事吧。"

这个宾客说："我来的时候经过一座破庙，庙里有两尊人偶，一尊是木雕的，一尊是泥塑的。我听到了两尊人偶之间有趣的谈话。木偶人对土偶人说：'你得意什么？天一下雨，你就要坍毁的。'土偶人不甘示弱，说：'我是由泥土塑成的，即使坍毁，也是归回到泥土里。你是东方的桃木刻成的，若真的下起雨来，不知会被水流冲到哪里去啊。'当今的秦国是虎狼之国，您执意前往，恐怕会像木偶人一样，一旦回不来，不就成为土偶人嘲笑的对象了吗？"

孟尝君田文：若非门下客三千，安得涉险出秦关？

说这故事的，不是别人，正是苏代，一个很会劝谏的智者。故事中的土偶人比喻有根基的人，而木偶人则是没有根基的人。孟尝君执意前去自己没有任何政治根基的秦国，定会冒很大的政治风险，实在是前途未卜。

孟尝君听后，悟出了苏代故事中的道理，中止了入秦的打算。

成语释义

木梗之患：木梗，木偶人。比喻客死他乡，不得复归故里。

鸡鸣狗盗

到齐湣王二十五年时，齐国终于抵不住秦国的压力，派孟尝君入秦。

秦昭王立即让孟尝君担任秦国宰相。大约过了一年时间，有人劝说秦王道："孟尝君的确贤能，可他是齐王的同宗，如果出任秦国宰相，出谋划策必定是先替齐国打算，而后才考虑秦国。这样秦国可就危险了。"秦昭王觉得有道理，便罢免了孟尝君的相位，将他囚禁起来，想要找机会杀掉他以削弱齐国。

孟尝君知道自己情况危急，赶紧派人去贿赂秦昭王的宠妾燕姬。燕姬提出条件说："我希望得到孟尝君的狐白裘。"狐白裘，顾名思义，是用狐狸腋下纯白的皮毛制作的皮衣，价值千金，十分贵重。孟尝君的确带有一件狐白裘，可惜到秦国后献给了秦昭王。此时，到哪里能再弄到一件如此珍稀的狐白裘呢？

孟尝君很为这件事发愁，问了很多贤能之士，都没想出什么办法。恰巧，他的门下有一位学问不高但会披狗皮盗取东西的人。他对孟尝君说："我可以为您偷回那件狐白裘。"于是，月黑风高之夜，这个宾客伪装成狗，成功潜入秦王的宫殿，偷出了那件已献给秦昭王的狐白裘。

孟尝君把这件能救自己一命的狐白裘献给燕姬，顺利得到了秦昭王的赦免令。

孟尝君生怕秦王反悔，一刻也不敢停留，快马加

孟尝君田文：若非门下客三千，安得涉险出秦关？

函谷关

鞭逃离咸阳，一路上更换出境证件、改名换姓，于夜半时分来到了函谷关。孟尝君离开不久，秦昭王果然后悔了，立即派人去追捕。

按函谷关的规定，鸡鸣时分才能放人出关。孟尝君焦急万分，生怕追兵赶到。他的门客中有个人能模仿公鸡打鸣，声音惟妙惟肖，几乎能以假乱真。虽然时辰未到，听到这个门客发出的"喔——喔——喔"声，附近的鸡都跟着叫了起来。函谷关只好开关放人。

孟尝君一行出关以后，约莫刚过一顿饭的工夫，秦国追兵已至函谷关。孟尝君的逃命故事就是这么惊险。

孟尝君门下宾客众多,各有各的本事。当初,收容这些"鸡鸣狗盗"之徒的时候,门客们无不以之为耻。紧要关头,他们凭借为人所瞧不起的"鸡鸣""狗盗"之本领救得孟尝君一命,众人皆叹服不已。

名篇摘选

孟尝君过赵,赵平原君客[1]之。赵人闻孟尝君贤,出观之,皆笑曰:"始以薛公为魁然[2]也,今视之,乃眇小[3]丈夫耳。"孟尝君闻之,怒。客与俱者下[4],斫[5]击杀数百人,遂灭一县以去。

——《史记·孟尝君列传》

【注释】

1.客:以客礼相待。2.魁然:高大、魁梧。3.眇小:微小。4.下:下车。5.斫(zhuó):砍。

孟尝君田文：若非门下客三千，安得涉险出秦关？

冯谖客孟尝君

齐国人冯谖（xuān），穷得没办法养活自己，听说孟尝君广招宾客，想来投为门下食客。

孟尝君问他："承蒙远道光临，先生有何爱好？"冯谖回答说："没有什么爱好。"

孟尝君又问："先生有何才能？"冯谖也回答说："没有什么才能。就是因为贫穷，想在您这里讨口饭吃。"

孟尝君听后笑了笑，接受了他，说："好。"

孟尝君身边的人看到主人不太在意冯谖，就将之安排在下等传舍，随便拿一些粗劣的饭菜给他吃。

十来天后，孟尝君询问舍长："冯先生近来在做什么？"回答说："冯先生太穷了，只有一把剑，剑把还是用草绳缠的。他吃饭的时候，倚着柱子弹着那把剑唱：'长剑啊，咱们回家吧！吃饭没有鱼。'"孟尝君听后，说："让他搬到中等客舍，给他吃鱼。"

过了五天，孟尝君又询问冯谖的情况。左右回答说："客人弹着剑唱道：'长剑啊，咱们回去吧！出门没有车。'"孟尝君听后，说："让他迁到上等食客的住所，进出都提供车子。"

青铜剑

又过了五天,孟尝君再次询问。左右回答说:"这位先生又弹着剑唱道:'长剑啊,咱们回家吧!没有办法养活家。'"孟尝君听了很不高兴,觉得这个冯谖太不知足,不过还是派人经常给冯谖的老母亲送去吃用之物。冯谖这才不弹不唱了。

孟尝君的封地在薛邑,上万户的封民都会向他上交衣食住行等赋税,并承担征召、徭役等义务。可是他供养的食客达数千,封地的收入远远不够,于是他就派人放贷。借债的人多数不能按时还款。孟尝君为此焦虑不安,就问左右侍从:"有谁可以去薛邑帮忙收债?"那位舍长说:"住在上等传舍的冯先生比较年长,从相貌看很是精明善辩,又没有一技之长,派他去收债吧。"

孟尝君田文：若非门下客三千，安得涉险出秦关？

于是，这件费力不讨好的差事就落到了冯谖头上。临走的时候，冯谖问孟尝君："收了债以后，要买点什么回来吗？"孟尝君说："你看我家缺什么就买什么吧。"

到了薛邑，冯谖把手头比较宽裕的借债者集合起来，一共收得利息十万钱。他用这笔钱置办了好酒好肉，用以招待借债未还的。大家来了之后，冯谖热情相待。喝得正尽兴时，冯谖拿出契据走到席前一一核对：能够支付利息的，定下支付期限；穷得不能支付利息的，就把契据当场烧毁。

他对众人说："孟尝君之所以借债给大家，是给大家本钱从事生产。他之所以向大家索债，是为了供养三千宾客。如今，富足的百姓已约定日期还债，无力还债的，孟尝君已烧掉他们的契据，免除其债务。各位开怀畅饮吧。有这样的封邑主人，我们可不能背弃他呀！"大家都感恩不已。

成语释义

弹铗（jiá）歌鱼：铗，剑柄。弹剑柄而歌，

讲给孩子的历史人物故事·战国人物

要鱼，要车，要养家。后用以指有才华之人暂处困境，有求于人；或怀才而受冷遇，心中不平。亦借指才能高超。

百姓迎于道

冯谖扬鞭策马赶回国都临淄，一大早就去拜见孟尝君。孟尝君对他这么快返回感到很奇怪，赶紧穿戴好接见他。

孟尝君问道："债收完了吗？"

冯谖说："收完了。"

孟尝君问："买了什么回来啊？"

冯谖说："您不是让我买您家里缺少的东西吗？我看您这儿金银财宝、山珍海味什么都不缺，唯独缺少对穷苦百姓的情义，所以把情义给您买回来了。"

孟尝君奇怪地问："情义怎么买啊？"

冯谖说："我在薛邑大办宴席招待欠债不还的人，实在还不起债的，我把契据烧掉了。"

孟尝君不敢相信自己的耳朵,他责问道:"你把收来的钱办了酒席,把欠债的契据都烧掉了,我这里的三千门客吃什么、喝什么呀?"

冯谖回答说:"如果不大办酒席,就不能把欠债的人都集合起来,也就没办法了解谁富谁穷。已经富裕的,给他限定日期还债。仍然贫穷的,即使催促十年也还不上,时间越长,利息越多,到最后多半就会逃离以赖掉债务。我为您烧掉的是坏账,您得到的却是薛邑老百姓的民心,以及善良博爱的名声。这就是我焚烧欠债的契据为您买到的'义',老百姓们都感恩戴德呢。"

孟尝君还是不高兴,但也只好作罢。

孟尝君贤名远扬,加之在齐国为相多年,身边又聚集那么多谋士和奇人,一时权倾齐国。这自然要招致齐王的疑忌。秦、楚等国见贤士争相投奔孟尝君,担心齐国更加强盛,便乘机散布流言离间他们君臣关系。他们四处宣说:"天下只知有孟尝君,不知有齐王。"齐王不久找了个借口罢了孟尝君的相位。后虽洗脱罪名,孟尝君仍推托有病,回了薛邑。

离薛邑还有一百里的时候,薛邑城中的老百姓扶老携幼前来迎接孟尝君。孟尝君瞬间明白了冯谖的用意，感激地说："先生为我买来的'义'，我今天见到了啊。"

成语释义

焚券市义：市，买。义，道义、民心。用焚烧债券来收买民心。

狡兔三窟，高枕无忧

冯谖说："兔子要想得以逃生，会准备三个藏身的洞窟。您现在得到薛邑人民的拥戴，只有一窟，还不能高枕而卧啊。请让我再去为您挖两窟吧。"于是，孟尝君准备了马车和礼物，送冯谖去诸侯国周旋。

冯谖向西到秦国，游说秦王："如今天下的强国，就是秦国和齐国。两者可谓雌雄之国。只有更胜一筹，才能决出雌雄。"

秦王问："如何令秦国更胜一筹呢？"

孟尝君田文：若非门下客三千，安得涉险出秦关？

冯谖说："大王知道齐国罢了孟尝君的相位吧？齐国之所以受到敬重，是因为有孟尝君。如今齐王听信流言而罢免了孟尝君，孟尝君心中无比怨愤，必定背离齐国。如果他背齐入秦，那么齐国的一切尽在您的掌握之中，岂止是称雄呢！您赶快派使者载着礼物去迎接孟尝君吧，不能失掉良机啊。如果齐王明白过来，再度起用孟尝君，则谁为雌谁为雄还未知呢。"

秦王听了非常高兴，派遣十辆马车载着两千多两黄金去迎接孟尝君。

冯谖抢在秦国使者之前赶回齐国，对齐王说："我私下得知秦国已经派遣使者带着十辆马车载着黄金来迎接孟尝君了。孟尝君如果去秦国担任宰相，那么天下将归秦国所有，我们的临淄、即墨就危在旦夕了。大王为什么不在秦国使者到达之前，赶快恢复孟尝君的官位，并增加他的封邑以向他道歉呢？孟尝君必定高兴而情愿接受。您要挫败秦国的阴谋，断绝它称霸的计划。"

齐王听后，顿时觉悟过来，赶紧召回孟尝君并且恢复了他的相位，同时还给他原来的封邑增加了土地和户口。秦国的使者听说孟尝君已登相位，只好掉头回去了。这是冯谖为自己的主人挖的第二窟。

孟尝君回去赴任之际,冯谖告诫孟尝君说:"您向齐王请求祭祀先王的礼器吧,好在薛邑建立宗庙。"宗庙建成后,冯谖回来向孟尝君报告:"现在三窟已挖好,从此您就可以高枕无忧了。"

后来齐国新君上位,孟尝君就不再涉足朝政,保持中立,并回到薛邑养老。不想,薛邑与楚国接壤,受到了楚军的进攻。本来,新任齐王是乐于看到孟尝君被灭的,但是鉴于宗庙在薛邑,只好派兵援助薛邑。拜冯谖的计谋所赐,田文得以终老于薛邑。

成语释义

狡兔三窟:狡猾的兔子准备好三个藏身的洞穴,比喻人有很多办法逃避灾祸。

孟尝君田文：若非门下客三千，安得涉险出秦关？

课后设计

【穿针引线】

战国四公子，又被称为"战国四君子"，他们以养士著称于世。请将下列信息连线匹配正确。

齐国　　春申君　　魏无忌

楚国　　孟尝君　　赵胜

赵国　　信陵君　　黄歇

魏国　　平原君　　田文

春申君黄歇：当断不断，反受其乱

人物小档案

姓名：黄歇，受封春申君

生卒年：前314年—前238年

国别：楚国

职位：宰相

特点：门客众多，以智能安楚，身死族灭

人生历程：出使秦国—忠心护主—出任宰相—轻信李园—身丧棘门

故事出处：《史记·春申君列传》

春申君黄歇：当断不断，反受其乱

他，平民起家，智勇双全；他，为相二十余年，权倾天下；他，当断不断，埋下祸根；他，不听忠言，惨遭灭门。他就是"战国四公子"之一的春申君黄歇。

智阻秦军伐楚

"战国四公子"中，其他三位都是君王的后代，只有春申君出身相对低微，不是贵族世家。但他能言善辩、博学多闻，年少时即展露才华，早年是一位才华横溢的纵横家，受到楚王看重，委以重任。

战国末期，秦国已经一家独大，其余六国皆不得安生。楚国虽为南方大国，日子也不好过。曾被张仪戏弄的楚怀王，接受秦王的邀请参加武关会盟，结果被秦国囚禁，以要挟楚国割让土地。为国家社稷考虑，楚国另立新君，太子横回到楚国继位，是为楚顷襄王。

新楚王上位不久，秦国大将白起带兵攻陷了楚国的国都，纵火焚烧了夷陵。秦国随即将郢都设置为一个郡，命名为南郡。紧接着，秦国又对韩国和魏国发动了战争。新楚王只好东迁都城，楚国元气大伤。

征服了韩国和魏国后，秦昭王计划联合韩国、魏国再对楚国下手。楚顷襄王非常紧张，任命黄歇为出使秦国的使者，企图以外交手段避免遭到秦国的军事打击。

受命于危难之际，黄歇也展示出了自己辩才出众、逻辑严密的优势。他采用上书的形式游说秦昭王。上书内容很长，分析利弊，告诫秦昭王不要为了远攻楚国，而受到韩国、魏国等其他较近诸侯国的报复，力主秦国、楚国结盟，然后双方一起对付其他国家。

黄歇的这篇上书，把秦、楚、韩、魏、齐等几个国家之间的多边关系分析得非常透彻，为野心勃勃的秦昭王提供了全新的视角。

1．秦楚两国交战，犹如两虎相斗，势必两败俱伤，驽犬得利。

2．秦国要是只顾着攻打楚国，壮大的是韩国、魏国的力量啊。

3．楚国地广人稀，境内山川阻隔，即便当初国都被占，也未能很快亡国，秦国想一举灭楚绝无可能。因此，秦国最好是与楚国结盟，着力攻打韩国、魏国。并入韩、魏的土地之后，要制服其余四国就很容易了。

春申君黄歇：当断不断，反受其乱

秦昭王觉得黄歇分析得很有道理，加之大军长久征战十分疲乏，就把白起的军队撤了回来，并且真的和楚国结了盟。

黄歇在战国政治外交舞台上的这一次表现非常精彩，一篇上书阻止了一场战争，暂时保住了楚国。

十年忠心护主

按照当时的惯例，楚国需要派一位公子前往秦国充当人质，以表示与秦国结盟的诚意。

黄歇回国复命后，楚顷襄王让他作为老师跟随太子熊完前往秦国当人质，继续与秦王斗智斗勇。这一去，就是十年。

一天，他们接到消息，楚顷襄王病重。如果太子熊完此刻不能回国，别的公子很可能就捷足先登继位为王了。

秦国却不同意熊完回去。黄歇知道国相范雎和熊完关系不错，于是赶紧去找范雎，对他说："如今楚王一病不起，恐怕将不久于人世。秦国不如让太子回去。太子如果继位为楚王，必然与秦国亲善友好，对相国

讲给孩子的历史人物故事 · 战国人物

感恩戴德。如果不让太子回去，他不过是咸阳的一个平民百姓罢了。楚国改立太子后，一定不会和秦国维持友好。如此失去一个盟友，不是上策。相国一定要仔细考虑啊。"

范雎将黄歇的意思转达给秦王。秦王很谨慎地说："让太子的老师先回去探问一下楚王的病情，回来后再做计议。"

黄歇非常忧心，为太子熊完盘算说："秦国扣留太子的目的，是要从太子身上得到好处。但以太子现在的情况，实在没有什么好处可以给秦国。阳文君的两个儿子都在楚国，大王如果驾崩，太子又不在楚国，阳文君必定趁机立其儿子为继承人，太子您就无法侍奉宗庙了。您不如先逃离秦国，跟使臣一起回国。我留下来，以死抵罪。"

于是，太子熊完乔装成使臣的车夫出了关，而黄歇则留守在客舍，推托太子有病谢绝会客。黄歇估计太子已经走得足够远了，才主动向秦昭王报告说："楚国太子已经回国了。黄歇有欺君之罪，愿意以死相抵。"

秦王勃然大怒，下令让黄歇自尽。旁边的相国劝阻道："黄歇作为臣子，舍身为主，是忠臣，更是功臣。

春申君黄歇：当断不断，反受其乱

楚国太子如果继位为王，肯定会重用黄歇。杀了黄歇就白白与楚国结怨，不如将其无罪释放，以示亲善。"

秦王觉得有道理，就收回成命，遣送黄歇回国。

相楚二十余年

三个月后，楚顷襄王去世，太子熊完登基为新楚王，即考烈王。新楚王对黄歇的扶立之恩感激不尽，任命他为宰相，封他为春申君，所赐封地在原吴国故土。

春申君自此执掌楚国大权，在楚国是一人之下万人之上，一时风光无两。这时，齐国有孟尝君，赵国有平原君，魏国有信陵君，大家都竞相礼贤下士，广招宾客，并以治国之才辅助君王。

一次，平原君赵胜派出使臣去拜访春申君。春申君自然是极尽地主之谊，安排赵国使臣入住上舍。赵国使臣想向楚国夸耀赵国的富有，特意用玳瑁簪子插于发髻，亮出用珠玉装饰的剑鞘，并请求与春申君的门客会面。见到春申君的门客后，赵国使臣不禁自惭形秽。春申君门下宾客达三千，所有上客都脚踩镶嵌珠宝的鞋子，气度不凡。春申君给门客的待遇之高可见一斑。成语"三千珠履"出自于此,形容宾客众多且豪华奢侈。

长平之战后,赵国国都邯郸被围,平原君携毛遂等二十人来楚国搬救兵。最终,楚王放弃秦楚联盟,派春申君带兵去救援赵国。虽然作战主力是平原君、信陵君等,但春申君的大军也积极投入了战斗,给了秦国很大的威慑。直到邯郸解围、秦军撤退后,春申君才返回楚国。

三年后,春申君又带兵北征鲁国,并一举灭掉了鲁国,声震诸侯。这个时候,楚国又兴盛强大起来。

名篇摘选

赵平原君使人于春申君,春申君舍[1]之于上舍。赵使欲夸[2]楚,为玳瑁簪[3],刀剑室[4]以珠玉饰之,请命[5]春申君客。春申君客三千余人,其上客皆蹑[6]珠履[7]以见赵使,赵使大惭。

——《史记·春申君列传》

战国方头鞋履

【注释】

1. 舍（shè）：安排住宿。2. 夸：夸耀，炫耀。3. 簪（zān）：古代用来固定发髻或连结冠发的针形首饰。4. 室：刀剑的鞘。5. 命：指派，招来。6. 蹑（niè）：穿（鞋），趿拉（鞋）。7. 珠履：装饰着珠宝的鞋子，后指有谋略的门客。

    春申君任宰相第二十二年，各国诸侯担忧秦国的征伐无休无止，再一次拉起了合纵的大旗，相约联合向西讨伐秦国。考烈王担任合纵长，春申君统率各国联军，一路打到函谷关。秦军出关应战，由于实力相差悬殊，更由于六国面和心不和，六国联军落败而逃。倒霉的楚国只得第四次迁都。楚王把作战失利归罪于春申君，春申君因此渐渐被疏远。他只好回到自己的封地，但依然执行宰相之职。

移花接木

春申君最发愁的，不是自己被楚王疏远，而是楚王一直没有儿子。春申君到处寻找适龄生育的女子献给楚王，但依旧没有人生下男孩。

赵国人李园带着妹妹来到楚国都城，打算将之进献给楚王。但是，他听说楚王不容易生儿子，加之后宫佳丽三千，如何能让自己的妹妹脱颖而出呢？心思活络的李园想了一出移花接木之计：先把妹妹献给春申君，等妹妹怀孕后，再进献给楚王。

计策已定，李园便寻了个机会，做了春申君的门客。不久他请假返乡，故意延误了归期。

回来后，春申君自然询问他迟归的原因，李园回答说："齐王派使臣来求娶我的妹妹，由于跟使臣饮酒，所以延误了返回的时间。"他这么一说，春申君果然来了兴致，问道："下聘了吗？"李园说："没有。"春申君又问："可以让我看看吗？"李园说："当然可以。"于是李园顺水推舟把他的妹妹献给了春申君。

春申君黄歇：当断不断，反受其乱

知道妹妹怀孕后，李园就与之商量了进一步的打算。李园对他的妹妹说："你待在春申君的府中，只是一个宠妾。如今你已经怀孕，如果能服侍无子的楚王，以后你的儿子就能当王，你就是太后。这不比当妾强百倍吗？"

于是，在李园的授意下，李园的妹妹找机会给春申君做些思想工作："楚王对您比亲兄弟还要好。如今您当楚国宰相已经二十多年，尊享荣华富贵。可是楚王没有子嗣，死后必然会立兄弟为王，新的楚王定会任用自己的亲信，到时候恐怕会对您不利啊。"听到这些话，春申君沉默不语。

李园的妹妹继续说："不仅如此，您执掌国政多年，对楚王的兄弟们难免有许多失礼的地方，他们若是成为国君，您就要遭殃了呀，还怎么保住宰相大印和江东封地呢？现在，我已怀上身孕，可是别人谁也不知道。我进府时间不长，如果凭您的尊贵地位把我进献给楚王，楚王必定宠幸于我。要是仰赖上天的保佑我生下一个儿子，那么您的儿子就能做楚王。如此一来，楚国都是您的，总比身遭不测好吧？"

听了这番推心置腹的话，春申君极为赞同。于是，他把李园的妹妹送出府，将之献给楚王。果然，李园的妹妹进宫后得到了楚王的欢心，之后生下一个男孩。孩子被立为太子，李园的妹妹被封为王后，李园也得到器重开始参与朝政。

成语释义

无妄之灾：无妄，意想不到。指平白无故受到的损害。

命丧棘门

虽然一切看似尽在掌握之中，但李园生怕春申君泄密，一切都会前功尽弃。于是，李园暗中豢养刺客，想要杀掉春申君灭口。

春申君为相第二十五年，楚王病重。春申君的门客朱英对他说："世上有无妄之福，有无妄之祸。如今您身处无妄之世，侍奉无妄之君，怎么能没有无妄之人呢？"春申君很奇怪，不知这个门客打的是什么哑谜。

春申君黄歇：当断不断，反受其乱

他赶紧问道："什么叫无妄之福？"朱英回答说："您任宰相二十多年了，名义上是宰相，实际上是楚王。现在楚王病重，即将离世，您辅佐年幼的国君，代理国政，不就等于南面称王而据有楚国吗？这就是无妄之福。"

春申君又问道："什么叫无妄之祸？"朱英回答道："李园不执掌国政便是您的仇人，他不管军事却豢养刺客。楚王一旦过世，李园必定抢先入宫夺权并杀您灭口。这就是无妄之祸。"

春申君接着问道："什么叫无妄之人？"朱英回答说："您先安排我做郎中，楚王一过世，李园必定抢先入宫，我可以替您杀掉李园。我就是无妄之人。"

春申君听后说："足下最好放弃这种打算。李园是个软弱的人，我对他很友好，他怎么能做到这种地步呢！"朱英的进言未被采用，恐怕日后祸患殃及自身，便连夜逃亡了。

半个月后，楚王去世，李园果然抢先入宫，并在棘门埋伏下刺客。春申君前去赴丧，一进棘门，刺客就从两侧冲出来将之刺杀，砍下他的头，扔到棘门外。接着，李园派人闯入春申君的府宅，将其满门抄斩。春申君不采纳朱英之言，终于落得身死族灭的悲惨下场。太史公司马迁评论春申君道：当断不断，反受其乱。

之后，李园的妹妹所生的孩子被立为楚王，即楚幽王。十几年后，楚国为秦国所灭。

课后设计

【延伸阅读】

春申君与上海

春申君的封地为江东吴国故土，在今天上海、苏州一带。由于河道泥沙淤积，河床过高，一到汛期，这一地区常常洪水泛滥，百姓苦不堪言。他着力疏通河道、治理水患，深得民心。当地人纷纷以其姓或者号为这一带的山、水、地命名，并沿用至今，比如浙江吴兴的黄浦，江苏江阴的申港、黄田港，江苏江阴的黄山。在上海，黄浦江、申江、春申江、黄浦区、黄申路、春申村等，均因黄歇而得名。上海有两个简称，其中"申"即源自受封于这里的春申君。在江苏苏州一带，不少民众奉春申君为城隍爷，定期祭祀。

春申君黄歇：当断不断，反受其乱

2002年9月，上海申博成功的欢庆晚会上，高唱的第一首歌就是《告慰春申君》。

【深入探究】

古人云："春申君以智能安楚。"以下全部表现其"以智能安楚"的一项是（　　）

① "如今楚王一病不起，恐怕不久于人世，秦国不如把太子送回去。"

② "让楚国太子的师傅先回去探问一下楚王的病情，回来后再作计议。"

③ "楚国太子已经走远了。黄歇有欺君之罪，愿您赐我一死。"

④ "不如将其无罪释放，以示亲善楚国。"

⑤ 楚国命令黄歇与太子一同到秦国为人质。

⑥ "太子如果得立为楚王，必然与秦国亲善友好，对相国感恩戴德。这是与万乘之国结盟的举动啊。"

A. ①②⑥　　B. ①③⑥
C. ②④⑤　　D. ③④⑤

吕不韦:十年富贵一朝倾,奇货可居祸更奇

人物小档案

姓名:吕不韦

生卒年:前292年—前235年

国别:生于卫国,在秦国任相

职位:宰相

特点:眼光精准,能言善辩

人生历程:经商—扶植公子异人—封侯拜相—辅佐嬴政—饮鸩自尽

传世著作:《吕氏春秋》

故事出处:《史记·吕不韦列传》《战国策》

吕不韦：十年富贵一朝倾，奇货可居祸更奇

吕不韦是中国历史上的一个奇人。他出生于卫国濮阳一个商人之家，年少时即跟着父亲四处游商，最终获得巨大的成功，成为闻名遐迩的豪商巨贾，家累千金。他最成功的一笔投资就是相中秦国公子异人，帮助他当上秦庄襄王。这样一来，吕不韦也由一个普通商人，一跃成为大秦帝国的宰相，位极人臣。秦庄襄王在位三年即因病去世，吕不韦得以辅佐幼主嬴政，权倾天下，于是忘乎所以，最终被罢相，并奉旨迁往蜀地。荣华富贵一朝倾，令人唏嘘。

不韦钓奇

秦昭王在位时间长达五十六年，他立为太子的长子先他而死，后来立了二儿子安国君为太子。当时秦昭王年事已高，安国君即将继位，因此必须于二十多个儿子当中选出一位适当的继承人。安国君的二十多个儿子，都是姬妾所生。他最为宠爱的是华阳夫人，将之立为正夫人，可惜华阳夫人膝下无子。公子异人排行居中，因生母夏姬未能得到安国君的宠爱，母子二人几乎没有什么存在感。

秦国与赵国渑池之会后，为了稳住赵国，秦国需要派一位公子到赵国做质子。于是，这件不讨好的差事就落到了异人这位不受待见的庶子身上。事实上，秦赵两国的关系越来越不友好，秦国之后更是屡次派兵攻打赵国。长平之战，秦国坑杀赵国四十多万人。这样的背景下，身为质子，秦公子异人在赵国的日子并不好过。赵王几次要杀掉异人以平众怒，所幸都被平原君阻止了下来。平原君的理由是："异人在秦国本也不受宠，杀了他又有什么用呢？不过是给了秦国一个借口，改日想要议和也就难上加难了。"

赵王依然盛怒难消，下令削减了异人在赵国的待遇。异人的生活变得苦不堪言，堂堂大秦王孙，出门连车马都没有，只能步行。他既养不起门客，也结交不了贵人，过得很是郁郁寡欢。

这一时期，吕不韦也来到赵都邯郸经商。这天，吕不韦在街头偶然碰到了异人，见他虽然神情落寞，却气度不凡，有贵胄之气。于是好奇的吕不韦向路人打听这个人是谁。旁边的人告诉他："这个年轻人是秦国太子安国君的儿子，正在赵国做人质。由于秦赵两国屡屡交战，赵王几次要杀掉他以泄愤呢。如今虽然

吕不韦:十年富贵一朝倾,奇货可居祸更奇

成语释义

奇货可居:商人把难得的货物囤积起来,等待高价出售。也比喻凭借某种独特的技能或成就,作为要求名利地位的本钱。

免于一死,但他被取消了待遇,无异于穷人一个!"

得知这个情况后,吕不韦凭着他做商人的敏锐嗅觉,马上发现了其中的商机。他怜惜地说:"此奇货可居。"

在吕不韦眼里,这位落魄的秦国公子就是珍奇少见的货物,可以积攒着日后卖大价钱。

回去后,吕不韦就向他经验丰富的父亲请教:"耕田能获利几倍呢?"

父亲说:"十倍。"

"贩卖珠玉能获利几倍呢?"

"百倍。"

"扶立一位君王,能获利多少呢?"

"无可估量。"

父亲的回复更加坚定了吕不韦的想法。于是,吕不韦立刻起身,前去拜访异人。

一见面,吕不韦就对异人说:"我能光大你的门庭!"

听到陌生人口出狂言,异人笑着说:"你还是先光大自己的门庭,再来光大我的门庭吧!"

吕不韦说:"您有所不知,只有您的门庭光大之后,我的门庭才能光大。"

异人马上就明白吕不韦意有所指,便拉着他一起深谈。

名篇摘选

濮阳人吕不韦贾于邯郸,见秦质子异人,归而谓父曰:"耕田之利几倍?"曰:"十倍。""珠玉之赢[1]几倍?"曰:"百倍。""立国家之主赢几倍?"曰:"无数。"曰:"今力田疾作², 不得暖衣余食³; 今建国立君, 泽⁴可以遗世⁵。愿往事⁶之。"

——《战国策·秦策五》

【注释】

1. 赢: 利润。2. 力田疾作: 努力耕作。3. 暖衣余食: 服饰温暖, 食物充足。形容生活富裕。4. 泽: 恩泽, 恩惠。5. 遗世: 遗留至后世。6. 事: 从事。

交游于秦

吕不韦直言不讳地对异人说: "秦王已经年老, 安国君被立为太子。我听说安国君非常宠爱华阳夫人, 能够选立继承人的只有华阳夫人。可华阳夫人没有儿子。拥有继承资格的公子有二十多人, 你排行居中, 不受宠爱, 长期在外做质子, 即使秦王驾崩, 安国君继位为王, 你也无法同那些早晚待在秦王身边的兄弟们争太子之位啊。"

异人表示同意，说："的确是这样的。那我该怎么办呢？"

吕不韦说："你手头拮据，又客居在此，没有什么可以拿出来献给亲戚或者结交宾客。我虽然不富有，但愿意拿出千金去秦国为你运作，侍奉安国君和华阳夫人，让他们立你为继承人。"

异人一听，忙叩头就拜："您的计划果真实现了，我愿意与您共享秦国的江山。"

于是，吕不韦拿出五百金送给异人，作为日常生活和结交宾客之用，又拿出五百金买了许多珍奇玩物，亲自带到秦国，求见华阳夫人的姐姐，请她帮忙献给华阳夫人。

在华阳夫人姐姐的引荐下，吕不韦顺利见到了华阳夫人。他对华阳夫人说："公子异人聪明贤能，宾客已遍天下。他非常尊敬您，在赵国日夜思念太子和夫人，无时无刻不希望侍奉左右，以表孝心。"

听了这些话，华阳夫人非常高兴。

吕不韦又让华阳夫人的姐姐私下游说华阳夫人："您现在侍奉太子，极为得宠，却没有儿子，不如趁早

吕不韦：十年富贵一朝倾，奇货可居祸更奇

在太子的诸多儿子中过继一个既贤能又孝顺的，立他为继承人。如此一来，丈夫在世时受到尊重，丈夫死后，也不会失去现在所拥有的一切。女人啊，不在容貌美丽之时做长远打算，等到年老色衰失去宠爱时，再想说上一句话也不可能了。"

华阳夫人心有所动，她的姐姐继续往下说道："太子的诸位儿子当中，异人非常贤能，而且很有自知之明，知道自己排行居中，生母又不受宠爱，是不可能被立为继承人的。所以他主动依附于夫人，夫人若真能在此时提拔他为继承人，那么夫人您的一生就无忧啦。"

华阳夫人最终被说服了，认可收养异人为义子。她多次在安国君面前谈起异人，夸赞他虽在赵国做人质却贤名远播，令诸侯交口称赞。一次，华阳夫人伤心地哭泣起来，对太子请求道："我有幸得到您的宠爱，却没有子嗣，希望能立异人为继承人，以便我日后有个依靠。"怜香惜玉的安国君当然一口答应了下来，当即和夫人刻下玉符，立异人为继承人！

接着，安国君和华阳夫人送了好多礼物给异人，还请吕不韦当他的老师。本来默默无闻的异人，在诸侯中的名气也是越来越大。吕不韦成功实现了第一个小目标。

邯郸献姬

吕不韦喜欢歌姬，常在府邸里安排众多能歌善舞者助兴，赵姬就是其中的佼佼者，此时已有身孕。

有一次，异人和吕不韦一起饮酒，赵姬在旁起舞。异人对赵姬一见钟情，乘着向吕不韦祝酒的时机，向吕不韦讨要赵姬。吕不韦一听很生气，但转念一想，自己已经为异人破费了万贯家产，想要钓取"奇货"，如今也不好吝啬，于是就把赵姬送给他以示好。

赵姬隐瞒自己已经怀孕之事，足月之后生下一个男孩，因为出生在正月，所以起名叫"政"。他就是后来大名鼎鼎的秦始皇嬴政。嬴政出生后，赵姬被异人立为夫人。

长平之战后，秦兵围攻邯郸，赵国危在旦夕。情况非常紧急，赵王顾不得其他，派人前来捉拿异人。异人赶紧和吕不韦密谋，拿出六百金贿赂守城官吏，最终得以脱身。他们连夜逃到秦军大营，然后逃回秦国。如此一来，赵国人的愤怒便涌向了异人留在赵国的夫人赵姬和幼子嬴政。在家族的帮助下，赵姬想办法躲了起来，母子二人才在乱世中得以保全。

吕不韦和异人逃回咸阳时，吕不韦给异人出主意说："华阳夫人是楚国女子，如今你去拜见安国君和华阳夫人，应该穿上楚人的服装。"

于是，异人穿着楚服，先去拜见父亲安国君，然后去拜见华阳夫人。

华阳夫人看见异人的穿戴，惊奇地问："你从赵国来，怎么穿着楚服呢？"异人回答说："儿虽身在赵国，却日夜思念慈母，特着楚服，以表心志。"

华阳夫人大喜，说："我的确是楚人，你就是知我懂我的亲儿啊。"

安国君也乘机说："既然你和华阳夫人如此有缘，那就改名为子楚吧。"

于是，异人改名为子楚。吕不韦因护送有功，得到安国君和华阳夫人不少赏赐。

后秦国撤兵回国，安国君率子楚到郊外迎接出征的秦王，并表奏吕不韦立有大功。于是，吕不韦被秦王封为客卿。

讲给孩子的历史人物故事·战国人物

年老的秦昭王在执政第五十六个年头时去世。太子安国君继位为王,即秦孝文王,华阳夫人成为王后,子楚被立为太子。赵国也派人护送赵姬和嬴政回到秦国,子楚一家人得以团圆。

凭着自己的精心策划,吕不韦基本实现了所定的目标,剩下来的就是享受胜利果实了。

世传《吕览》

一年之后,秦孝文王病逝。子楚登基,即庄襄王。华阳夫人成为华阳太后,子楚的生母夏姬为夏太后。

子楚感恩图报,拜吕不韦为丞相,封为文信侯,赐他河南洛阳十万户为食邑。在吕不韦的投资和运作下,子楚从一个不受待见的公子终成为一国之君,吕不韦自己则从一个地位卑贱的商贾一跃成为一国之相,果然获得的利益无可计量。

三年后,庄襄王英年早逝。年仅十三岁的太子嬴政即位,称丞相吕不韦为"仲父"。幼主当国,大权自然旁落到吕不韦手里。加之与华阳夫人、赵姬又是旧交,吕不韦得以全权代理朝政十余年,成为秦国的实

《吕氏春秋》封面

《吕氏春秋》书页

际执政者。权倾天下后,吕不韦越发大胆起来,甚至忘乎所以,居然和太后赵姬旧情复燃,时常私通。所幸吕不韦是个能臣,执政期间战功卓著,没有使秦国走上下坡路,反而为嬴政今后统一六国打下了坚实的基础。

那时,魏国有信陵君,楚国有春申君,赵国有平原君,齐国有孟尝君,他们都礼贤下士,结交宾客,为本国吸纳人才,在列国间很有威望。吕不韦认为秦国如此强大，自己身为丞相，也应该延揽人才。于是，他也大力招揽宾客，尤其是那些文人学士，给他们相当优厚的待遇。一时间，吕不韦门下的食客也多达三千。

战国时期，各国名士又常以所养宾客能著书立说为荣。于是，吕不韦就命令他的门客将各自在列国的所见所闻记下来，编纂在一起，后以他的名义发表，这就是《吕氏春秋》，又名《吕览》。此书大约二十万字，汇合了先秦诸子各派学说，兼收并蓄，博采众家之长，史称"杂家"。

吕不韦下令将这本书刊布于咸阳的城门，称若有人能增删一字的，就赏给千金。消息传开后，人们蜂拥前去，挤在一起争读此书，却始终没有一个人能对书上的任何文字加以改动。越是如此，越是轰动，更多的人源源不断前往咸阳拜读此书。就这样，《吕氏春秋》和吕不韦的大名远播东方诸国。

《吕氏春秋》提倡顺其自然，无为而无不为。用这一思想治理国家，对于缓和社会矛盾、让百姓休养生息、恢复经济发展非常有利。它既是吕不韦的治国纲领，又能给嬴政提供执政的借鉴。

可惜,由于吕不韦个人的过失,亲政后的嬴政对这部书弃而不用,使之没有发挥应有的作用。

成语释义

一字千金:后来用以称赞诗文精妙,价值极高。

拜相甘罗

吕不韦主政期间,秦军也没有停止吞并六国的脚步,积极对外征战。

这年,吕不韦想要派大臣张唐到燕国为相,以便联合燕国攻打赵国。但张唐曾率兵攻打赵国,担心途经赵国时会遭人杀害,所以推托有病,迟迟不愿赴任。吕不韦亲自登门,再三请求,张唐坚决不听调遣。

回府之后,吕不韦闷闷不乐,他身边的一位门客自告奋勇说:"让我去劝服张唐吧。"吕不韦不屑一顾地说:"我亲自去都不行,你去难道就可以?"吕不韦为何这么瞧不起他的这位门客呢?原来这是位小门客,只有十二岁。他叫甘罗,是秦昭王时期宰相甘茂之孙,此时被邀在吕不韦门下。

面对吕不韦的轻视,甘罗不慌不忙地说:"您让我去试一试。"

于是,甘罗去拜见张唐。张唐见他年少,淡然地说:"文信侯派你来是羞辱我的吗?"甘罗说:"不是,我是来吊唁您的。"张唐生气地说:"我有何事让你吊唁?"

甘罗问:"您与武安君白起相比,谁的功劳大?"张唐说:"我比不上他。"甘罗又问:"同是任秦国丞相,应侯范雎与现在的文信侯相比,谁的权力大?"张唐说:"应侯不如文信侯。"甘罗进而说:"应侯打算攻打赵国,白起称病不去,故意让他为难,结果白起被贬为士卒,被驱逐出咸阳,离开咸阳七里地就被赐死。如今文信侯亲自请您去燕国任相而您执意不肯,我就不知您要死在什么地方了,所以特来吊唁。"张唐立刻警醒过来,赶紧说:"那就依着你这个童子的意见前往燕国吧。"于是让人整治行装,准备上路。

张唐的行期已经确定，甘罗又对吕不韦说："请借给我五辆马车，我为张唐赴燕先到赵国打个招呼。"吕不韦就进宫向秦王嬴政报告："甘罗虽然年轻，然而是前相国甘茂的孙子，出身世家，名闻诸侯。张唐推托有病不愿去燕国，是甘罗说服了他。这足以说明甘罗才干非凡。请您派甘罗出使赵国，为我大秦谋取利益。"秦王嬴政同意了。

在赵国，甘罗对赵王说："大王听说燕太子丹到秦国做人质的事了吗？"赵王回答说："听说了。"甘罗又问道："您听说张唐要到燕国任相吗？"赵王又回答说："听说了。"甘罗接着说："燕太子丹到秦国，张唐到燕国，燕、秦两国交好，显然是要共同攻打赵国，那么赵国就危险了。大王不如先送给秦国五座城邑，我帮您阻止张唐赴燕，实现秦赵交好。到时候赵国再攻打燕国，秦国绝不出手相救，那赵国所得的何止五座城池啊？"

于是，赵王亲自划出五座城邑送给秦国。秦王大喜，提拔年少的甘罗为上卿，又将甘茂的田地房宅赐给了甘罗。

甘罗此后的事迹，史书中没有记载。

饮鸩自尽

秦王嬴政逐渐长大成人，他性格强硬、行事果断，吕不韦心生惧意，害怕自己跟太后赵姬私通之事败露。于是，吕不韦暗地里寻找能替代自己的人，把一个叫嫪毒（Lào Ǎi）的年轻男子进献给太后。为了让嫪毒能够随时陪伴太后，他让嫪毒拔掉胡须，冒充太监。果然，嫪毒深得太后欢心，所受的赏赐非常优厚，权力也越来越大，并被封为长信侯。很快，嫪毒家中奴仆多达几千人，为了求官而投于门下的门客也多达一千余人。

世上没有不透风的墙。这样的宫廷丑闻最终闹得满城风雨、人尽皆知。几年后，野心勃勃的嫪毒被人告发，说他与太后生下两个儿子养在深宫，甚至跟太后合谋要谋朝篡位，改立自己的儿子为秦王。

情知自己与太后的秽行及叛乱的图谋已被发现，嫪毒预感到了自身的危机，趁秦王举行加冠典礼时仓皇发动叛乱，但瞬时就被早有准备的秦王镇压了下去。他本人被灭族，他与太后所生的两个儿子也被毫不留情地杀掉。嫪毒的门客全部被流放到蜀地，一共牵涉四千余家。愤怒的嬴政下令严查,所有事情全部败露,进献嫪毐给太后的丞相也受到牵连。

嬴政自然想杀掉吕不韦,但因其侍奉先王功劳极大,又有许多宾客、辩士为他求情,所以暂时没有将他绳之以法。一年后,吕不韦被免去相国职务,接着又被遣出京城,回到他在河南的封地。

可是,百足之虫死而不僵。吕不韦虽然被罢官,但到洛阳看望他的各国宾客络绎不绝。这自然令秦王嬴政感受到了极大的威胁——以吕不韦的权势和影响力,要发动叛乱岂不是轻而易举?

于是,秦王嬴政亲自给吕不韦写了一封信:"你对秦国有何功劳?秦国封你在河南,食邑十万户!你跟王室有什么血缘关系?而号称仲父!你们全家都迁到蜀地去吧!"

吕不韦是看着嬴政长大的,他太了解嬴政了,知道即使自己辗转蜀地,最终也是难逃一死。看完这封信,为了不牵累家人,吕不韦便在家中喝下毒酒,结束了自己的一生。

从地位低下的普通商人,到身份尊贵的大秦宰相,吕不韦创造了一段传奇，可谓乱世英雄。但这样的传奇也就不过延续十余年而已，所有的荣华富贵一朝破灭，他自己也最终被逼自尽。反倒是他招徕门客写就的那本《吕氏春秋》，流传至今。

课后设计

【延伸阅读】

关于秦始皇生父是谁的问题，一直存在不同的说法。20世纪著名史学家郭沫若先生曾就秦始皇是吕不韦私生子这个问题，提出了三点质疑。

1. 这个故事仅仅出现在《史记》，而同时期的《战国策》并没有提及。

2. 这个故事的情节与《史记》中春申君和李园的妹妹的故事极为相似。

3. 《史记·吕不韦列传》中有自相矛盾之处，一开始说嬴政的母亲是邯郸的一名歌姬，

吕不韦:十年富贵一朝倾,奇货可居祸更奇

后面又说她是赵国豪族人家的女儿,曾庇护母子二人乱世中得平安,而且还说嬴政是怀胎十二个月生下的。

【火眼金睛】

下列哪个成语典故说的是吕不韦的故事?

A. 一字千金　　　B. 一诺千金

C. 一饭千金　　　D. 一掷千金

课后设计答案

孙膑
郑观应将他们归为：才将。

苏秦
凿壁偷光、囊萤映雪、牛角挂书、闻鸡起舞、韦编三绝

张仪
苏秦：燕、赵、韩、魏、齐、楚
张仪：魏、楚、韩、齐、赵、燕

赵武灵王
（略）

廉颇
C

课后设计答案

平原君赵胜
1. 步履蹒跚、奉公守法、一言九鼎、三寸之舌
2. 毛遂自荐、脱颖而出、两言可决、锥处囊中

信陵君魏无忌
童言无忌

孟尝君田文
赵国平原君赵胜 / 魏国信陵君魏无忌 / 齐国孟尝君田文 / 楚国春申君黄歇

春申君黄歇
B

吕不韦
A